MÄNNER!

Männer! Das ist ein Ausruf des ungläubigen Staunens, des kopfschüttelnden Unglaubens, gelegentlich der Bewunderung. Hat da ein Politiker wirklich seinen Penis als Snapshot gepostet? Sind Männer besonders zärtlich, also mit Hunden? Wie fühlt sich der Weihnachtsmann unter seiner Burka? Wann schlafen sie, die harten Kerle, wie oft weinte Barack Obama?

Der Mann gilt als Mitglied des starken Geschlechts, dabei werden seine erstaunlichen, oft zarten Seiten nicht selten übersehen. In Susanne Mayer hat der Mann ein Gegenüber, dessen Blick liebevoll und forschend auf ihm liegt und ihm und uns Seiten enthüllt, von denen er oft selber gar nichts geahnt hat. In kurzen, oft schreiend komischen Kapiteln analysiert Susanne Mayer eine Welt, in der Männer die Herren geben sollen, die ihnen im Alltag aber selten etwas schenkt. Eine scharfsinnige Bestandsaufnahme von etwas, das zu oft als Geschlechterkampf beschrieben wird.

SUSANNE MAYER

MÄNNER!

BERLIN VERLAG

Mehr über unsere Autoren und Bücher:
www.berlinverlag.de

MIX
Papier aus verantwor-
tungsvollen Quellen
FSC **FSC® C014496**
www.fsc.org

ISBN 978-3-8270-1363-7

© Berlin Verlag in der Piper Verlag GmbH, München 2017 / Zeitverlag Gerd Bucerius GmbH & Co. KG, Hamburg

Einbandgestaltung: zero-media.net

Einbandfoto: Gettyimages / I. Jonsson

Gesetzt aus der Baskerville

Herstellung und Satz: Sieveking · Agentur für Kommunikation, München

Druck und Bindung: GGP Media GmbH, Pößneck

Printed in Germany

Für Adam, wen sonst

INHALT

Männer erklären 11

Zärtliche Blicke 16

Das große Schweigen 19

Piraten und Zimmermännchen 23

Image: Walross 26

Samtige Globuli 29

Unsere Moppel 32

Hoodie-Alarm 35

Nasenalarm 38

Kurze Fragen 41

Wahre Helden und andere 44

Senior, in Nude 47

Das Geheimnis 51

Nur Nettes! 54

Helden in der Josef-Rolle 57

Heinrich und andere 60

Reue? Klaro. Wie? 63

Fuchs vor Gänsen 66

Gut in Förmchen 69

Große und andere Tiere 72

Bärtiges   75

Praktische Erwägungen   78

Ein bisschen Aua   81

Teure Typen   84

Was uns anmacht   87

Muskelspiele unter Brokat   90

Echte Kerle   93

Sixpacks mit Berstschutz   96

Scharfe Hunde   100

Schweine und andere Tiere   103

Weiche Teile   106

Tun oder nicht tun   109

Streng der Nase nach   112

Verschuldet, aber sexy   115

Ausgeschlafene Typen   119

Locke oder Glatze   122

Schenkel in Marmor   125

Master masculinus   128

No Smile   131

Heult doch! Oder nicht?   134

Camouflage als Stil   137

Der Typ mit dem Sack   140

Helphelphelp   144

New Style   147

Patriarchat auf High Heels   150

Good guys, bad guys   153

Boys will be boys   156

Den Motor ölen   159

Alle so nackt hier   162

Schläfer und andere Typen   166

Adam revisited   169

Mittig betont   172

Klein, fett, doof   175

Die Tränen des Barack Obama   178

Territoriale Aggression   181

Reine Gefühlssache   184

Voll die Opfer   187

Buben und Streiche   190

Kopftuch oder Fell   193

MÄNNER
ERKLÄREN

Die Hälfte der Menschheit. Männer gibt es jede Menge.
In Deutschland 40 Millionen. Sie treten auf in den Zu-
fallssortierungen Papas oder Chefs, Nachbarn, Kollegen,
DJs und CEOs, Taxifahrer, Barmixer, Lehrer. Friseure,
Gärtner, Beamte. Politiker oder Lover. Männer sind unter Hoodys versteckt oder schleppen silberne Köfferchen
in den ICE, schieben Kinderwagen im Slalom durch eine
dichte Menschenmenge, einhändig, oder pressen am
Gate ihr Smartphone ans Ohr, bis der Schweiß tropft
und das Boarding-Licht flackert und das Bodenpersonal
die Krise kriegt.

Fast alle Chefs sind Männer. Andere sitzen vor der
Bank in einer Lache auf dem Pflaster und betätigen den
Türdrücker in Erwartung von etwas Bakschisch; schmeißen bei Randale Steine in Schaufenster, grölen nach
Fußballspielen auf Bahnhöfen, turnen auf Gerüsten
rum; sitzen unter Bäumen, also in Afrika; halten Händ-
chen, vor allem in Indien; stapfen in kappenverstärkten
Stiefeln durch den Schotter an der Straßenbaustelle.
Fahren noch als Senioren schwere Motorräder, die ihnen
bis unter den Rippenbogen reichen. Finden mehrheitlich, es reicht mit der Frauenemanzipation. Tragen aber
lange Kleider und Kopftücher, also in Arabien. Reparieren das Klo. Sitzen nächtelang an Gewässern im nassen

Gras und halten lange Ruten vor sich hin und schweigen. Was also wäre die Frage zu Männern?

Die Frage wäre: Wie ist es so, Mann zu sein? Heute, wo ja gern auf Männer geschimpft wird, weil sie sich vor ein paar Tausend Jahren das Patriarchat erfunden haben und die Macht heute angeblich mit den klügsten Frauen nicht teilen wollen. Wo immer den jungen Männern lautstark vorgeworfen wird, durch Testosteron-Stau den Weltfrieden zu gefährden, und zwar global, wahlweise alte Männer im Verdacht stehen, nur alte Männer wie Trump zu wählen und so die Demokratie zu schreddern oder den nächsten Weltkrieg zu ermöglichen und sowieso immer die Schwulenehe abzulehnen, wo also alle Männer immerzu ermahnt, gemaßregelt, zusammengeschustert werden, die Liste reicht von zu wenig Elternurlaub nehmen über zu viele Zigaretten oder Bier bis zu wenigen Arztbesuchen.

Zugegeben, man hätte Männer fragen können, wie sie sich so finden, also von innen gefühlt. Allerdings ist eine Mehrheit von Männern der Meinung, Frauen seien besser im Fühlen. Also 76 Prozent sagen das, laut einer Männerstudie, okay, die ist von *Bild der Frau*. Dieses Buch ist jedenfalls ein Versuch, Männer durch Beobachtung von außen zu erfassen, durch Beäugung. Gesucht wurde einmal für eine Kolumne „Männer!" im Feuilleton der *Zeit* der ethnologische, etwas distanzierte, gleichwohl wohlwollende Blick auf dieses Geschlecht. Als Autorin kam also nur eine Feministin in Frage. Ich.

Ich fand Männer immer toll. Schon als kleines Mädchen fand ich, dass es zu wenig davon gäbe. Mein

Lieblingswunsch war nicht die berühmte Schildkröten-
puppe, sondern ein Bruder. Möglichst zwei. Bitte älter.
So lernte ich, dass nicht alle Wünsche erfüllt werden
können, jedenfalls nicht, soweit sie Männer betreffen.

Ich hatte keinen Bruder und kriegte keinen, schon
gar keinen älteren. Männer waren im Dorf meist abwesend. Mein Vater verschwand morgens ins Büro und kam
abends spät wieder. Die Bauern des Dorfes tuckerten in
der Früh auf den Treckern ihren Äckern zu und kehrten
kurz vor dem Dunkelwerden zurück. Der Pfarrer wehte
mit fliegender Kutte an einem vorbei, durch die Straßen,
dem nächsten Sünder zu, den Lehrer hörte man in der
Schule rumbrüllen. Fast wäre ich nur unter Frauen, Müttern, Schwestern, Cousinen aufgewachsen. Es gab aber
einen Vetter. Glücklicherweise. Mein liebster Spielkame-
rad. Erst waren wir beide Kinder, aber einmal spielten
wir Mann und Frau. Wir machten uns Betten im Heu, da
lagen wir dann nebeneinander und wussten nicht, was
daran jetzt so toll sein sollte und was man tun sollte und
dachten uns ein anderes Spiel aus. Aber ich lernte einiges
Wichtige von diesem jungen Mann.

Einmal überredete er mich, in der Heuscheune auf
einem freiliegenden Balken in zwei Stockwerk Höhe zu
balancieren. Er redete und redete. Ich jammerte und
wimmerte. Er sagte, da sei doch nichts bei. Wer in der
Lage sei, auf einem Balken zu balancieren, der auf dem
Boden läge, könne dies auch auf einem, der in 10 Meter
Höhe in der Luft hinge. Angst sei blöd. Was für Idioten,
die nicht denken können. Also Mädchen. Ich lernte so
erstens die überlegene Überzeugungskraft der männ-

lichen Vernunft kennen, zweitens, wie sich männliche Rationalität zu realistischer Risikoeinschätzung verhält, nämlich gar nicht. Der Rest ist Verkehrsstatistik. Tödliche Unfälle? Männersache, also in der Regel. Ich stürzte allerdings nicht ab von diesem blöden Balken in 10 Meter Höhe, obwohl ich ein Mädchen war, so viel zu dem, was Hänschen damals über Gender lernte.

Weiß ich jetzt, nach rund 60 Männerkolumnen, mehr über Männer als vorher? Na ja. Jeden Tag begegnen mir ja andere, oft erstaunliche Typen. Ich beäuge sie dann, möglichst unauffällig; versuche zu verstehen, wo so – auf einer Skala zwischen Heiko Maas und Lady Gaga – das typisch Männliche anzusiedeln wäre und wo das Weibliche. Gelegentlich versuche ich, auch den inneren Blick auf das andere Geschlecht zu üben. Geht so: Man stellt sich vor, man sei ein Mann. Wer dazu Hilfe braucht, versteckt sich unter einem Kastenmantel oder in einer Bomberjacke. Cap auf den Kopf. Dann raus. Also – als Mann die Straße runtergehen, wie ist das? Wie setzt man die Füße, wie schaut man als Mann, auf was? Wie gucken die anderen auf einen, wie fühlt sich das an?

Ja, es ist verwirrend. Gelegentlich taucht der Verdacht auf, dass angesichts des Anschwellens der Meere und der Logorrhoe von hässlichen Tweets aus dem Weißen Haus, dem Kollabieren afrikanischer Staaten sowie westlicher Geburtenraten, angesichts der Erwartung des nächsten nordkoreanischen Atomversuchs und der Frage, wer uns welche Daten stiehlt, dass angesichts des ganzen Schreckens der Welt die Geschlechterfragen zum Nebenwiderspruch schrumpfen. Das wäre wirklich sehr schade; schon, weil in Umfragen fast 100 Prozent der Männer sagen, sie hätten totale Lust darauf, im nächsten Leben wieder als Mann dabei zu sein. Stark, oder nicht?

Susanne Mayer, im August 2017

ZÄRTLICHE
BLICKE

Vorweg klärende Worte. Eine Frau schreibt über Männer. Das wirft bange Fragen auf, etwa die: Wie steht sie überhaupt zu Männern? Behelfsweise will ich eine Postkarte beschreiben, das Geschenk einer Freundin. Die Karte zeigt eine Frau mit dunklem Haar. Kurzer Pony, über dem Pony steht die Frage: »Mann oder Hund?« Unter dem Kinn steht die Antwort: »Die Frage ist doch, lasse ich mir meinen Teppich versauen oder gleich mein ganzes Leben?«

Man kann sich das Kichern vorstellen, das die Übergabe dieser Karte begleitete, irgendwas mit »Hab ich gesehen, musste ich gleich an dich denken«, geheuchelte Entschuldigungen im Stile von »Ist natürlich irgendwie gemein …«.

Ja! Das trifft es. Gemein! So ist es! Ein Hund versaut einem nicht den Teppich. Einen Teppich kann man einrollen, falls nötig, auch mal zwei, drei Jahre lang wegpacken. Zu lang? Wahr ist auch: Zwei, drei Jahre mit einem Mann spielen sich nicht nur auf dem Teppich ab. Der Gegensatz Mann – Hund ist an den Haaren herbeigezogen, andersherum: Mit Hund lassen sich an Männern sehr schöne Seiten entdecken, unerwartete, vielleicht sogar für sie selber.

Etwa neulich. »Ach, Mutter!«, seufzte da ein älterer

16

Herr aus der Tiefe seiner Seele beim Anblick des Tieres, »guck doch mal, ach je.« Worauf über dem Kopf seiner Lady eine imaginierte Sprechblase aufpuffte, in der die Frage blinkte: »Wann hat er mich zuletzt so zärtlich angesehen?« Ja, wann? Oder damals die Kinder? Standardvorwurf, muss sie ja gar nicht mehr formulieren. Zu wenig gekümmert! Aber wie viel Zeit war denn im Leben eines Mannes, der heute der letzten Etappe entgegenschlendert, am Arm seiner Frau, die es mit ihm ausgehalten hat, während er das Geld ranschaffte, im Office klare Kante zeigte, es wird ja viel erwartet von Männern, die so weit aufsteigen, dass sie später im Ruhestand diese teuren orangefarbenen Cordhosen tragen. Auch so eine Demütigung. Anziehen, was einem hingelegt wird. Aber jetzt kommt da was auf vier pflaumigen Pfoten daher, und etwas öffnet sich im Mann, was? Sagen wir, so eine Ahnung, von etwas anderem. Etwas Verpasstem?

Es geht nicht nur um Altersmilde. Es steckt vielleicht, Statistiken über mangelhaft ausgeprägte Fürsorglichkeit des männlichen Geschlechts hin oder her, es steckt in jedem Kerl. Hamburger S-Bahnsteig Jungfernstieg. Zwei junge Typen – im Blaumann mit Gebrauchsspuren. Auf ihren Schultern liegt ein stählerner T-Träger, damit winden sie sich die Treppe hoch. Man fragt sich, wer den wohl gleich an den Kopf kriegt, da bellt der eine den anderen an: »Digger, pass doch mal auf Bello auf!« Digger knurrt: »Hab ich doch gesehen. Is voll süß!« Voll süß? Das sind nicht die Schlagzeilen, die man von Männern kennt, die Stahlkappen an den Schuhen tragen.

17

Es ist, als würde so eine Hundeschnauze etwas anstupsen, das unter testosterongehärteten Muskelpaketen vergraben ist, vielleicht eine ins Genom hineingezwirbelte Erinnerung an Urzeiten, in denen das Leben sehr schön war. Davon lebt übrigens eine ganze Gattung der Sachbuch-Literatur. Mann zieht los mit Hund; durch Wälder, über Hügel, es ist wohl eine Variante des Cowboy-Narrativs. Bisschen jagen, nachts teilt man sich das Lager, ein entspanntes Rücken-an-Rücken. Keiner fährt rot lackierte Krallen aus oder will, dass man fünf Halbe auf ex kippt. Einfach mal durchschnaufen, nur pennen.

Apropos, kürzlich setzte sich ein Penner in der S-Bahn zu mir. Das ist nicht immer angenehm, beim Thema politisch korrekte Empfindung kann meine Nase noch dazulernen. Der Typ war aber sehr nett. Wollte wissen, wie es so ist, mit Hund. Ob ein junger Hund durchschläft. Wie lange es dauert, bis er stubenrein ist. Was man füttert. Kann man ihn alleine lassen, schadet ihm das. Themen, die ich mit dem Buch *Erstes Jahr mit Baby* vor langer Zeit abgelegt zu haben glaubte und jetzt mit diesem Penner hin und her wendete, es war wirklich interessant. Bis er sich plötzlich vorbeugte und sagte: »Darf ich mal fragen: Wie teuer ist eigentlich so ein Hund?«

Männer! Gehen doch leicht einen Schritt zu weit.

DAS GROSSE
SCHWEIGEN

Kaum hatte sich herumgesprochen, dass eine Autorin sich für Männer interessiert, also jetzt professionell, da passierte es. Location: Gemeindesaal. Zeit: nach der Chorprobe. Ein Tenor nähert sich, mit Buch. Nichts von Bach, eher etwas mit Piratenschiff drauf. Ein Krimi! Der Mann trägt das Buch vor sich her wie eine Monstranz, er hält es mir mit beiden Händen beschwörend hin. Er nickt, ich nicke. Beidseitiges Schweigen. Er sagt: »Männer!« Ich sage: »Danke!« Pause. Ah, noch was. Er sagt: »Hab da was gehört!« Okay. Nicken. Und: Cut!

Gänsehautschauer! Zum ersten Mal habe ich an einer echten Männerunterhaltung teilgenommen! Danke! Danke! Dieses nur Hingeworfene, dann das tiefe Schweigen. Dafür sind Männer ja bekannt. Neulich, im Café Newport, leiser Jazz, da sitzt ein Herr und liest Zeitung. Liest, blättert um, liest. Rechts von ihm drei Japanerinnen, sie sind wie weiche Birnen auf ihren Barhockern platziert, zu deren Füßen sich Einkaufstüten stapeln, als hätte der Wirbelsturm Sandy sie herangeweht. Links, an der Wand, drei weitere Frauen, langbeinige Wesen mit blonden Strähnen in Reithosen, eine Spezialität der Hansestadt. Die Japanerinnen beugen sich zu ihren Tüten und zerren etwas hervor, unter Gekicher zeigen sie Kleidungsstücke wie Blüschen, Höschen etc. Sie reichen

sie weiter und herum, viele Ohs und Ahs. Der Mann liest
ungerührt weiter. Die Reithosenmädels halten ihre
iPhones hoch, Gekreische bricht aus im Stile von »Oh,
ist der süß« und »Zeig noch maaaal«. Der Herr blättert
um. Er liest. Hört er das Geschnatter? Würde er auch
gerne mal wo schrill kreischen? Oder seinen Freunden
die neuen Socken zeigen, die niedlichen Boxershorts?

Die männliche Aura des Schweigens hat etwas sehr
Geheimnisvolles – schon weil Männer in Wahrheit unab-
lässig reden. Wie schaffen sie es, den Eindruck zu erwecken, sie würden schweigen, während sie so viel reden?
Steinbrück! 89 hochdotierte Vorträge in 150 Wochen,
plus 237 ohne Honorar, aber wenn Honorar, dann schon
mal 15 000 Euro pro Stück, irgendwie jedenfalls so viel
geredet, dass in einem Jahr eine halbe Mille zusammen-
gequasselt wurde. Goldene Worte! Clinton, jetzt Obama,
einmal vor der Wallstreet reden, halbe Mille. Männer
sind die Wortführer der Nation, in Gemeinderäten, Vorständen, überall derselbe Sound: Männer reden. Man
kann nicht ausschließen, dass Männer in Vorständen
auch mal schweigen; vielleicht nur deshalb keine Frauen
dabeihaben wollen, damit die das nicht ausplappern,
dass Männer in der Chefetage auch mal schweigen.
Aber öffentlich! In britischen Zeitungen werden 78 Prozent der Kommentare von Männern abgegeben. Auf der
Euro Finance Week in Frankfurt werden am Wochenende 82 männliche Redner die Krise erklären, eine An-
zeige in der *FAZ*, dem Blatt für kluge Köpfe, zeigt zarte
und pausbäckige, schmunzelnde, verkniffene, bärtige,
glatzköpfige, bebrillte Männer, mit roten und pinken

20

und gestreiften und gepunkteten Krawatten. Und acht Frauen. Drei von den acht Frauen sind blond, zwei dunkelhäutig. Unter den 82 Männern ist ein Farbiger, auch interessant.

Reden, Schweigen. Der Übergang vollzieht sich in der Art einer Kippschaltung. An, dann aus. Im Newport saßen neulich allerdings zwei Männer beieinander, die auch sehr viel redeten, man musste einfach ein bisschen lauschen: »Habe ich Müller gesagt, er solle …« und »Da wird er aber …« Ob sie auch gerne mal über was anderes reden würden als über das Controlling von Müller? Manchmal reden Männer ja auch nur darüber, wie jetzt Hertha gespielt hat oder Pauli, man kann das natürlich nicht wirklich reden nennen, der Ethnologe Claude Lévy-Strauss hat mal ausgeführt, wie Männer miteinander kommunizieren, indem sie Frauen tauschen, also jetzt in der Ur-Gruppe, womöglich, das ist jetzt nicht Lévy-Strauss, tauschen sie Frauen, damit sie nicht selber reden müssen – weil sie wissen, dass Frauen das Schnattern dann gern übernehmen. Wenn keine Frauen da sind: tauschen Männer Fußballergebnisse, Zahlen, ohne viele Worte.

In der *New York Times* schrieb der Schriftsteller Ben Schrank, er verspüre so eine Sehnsucht nach der Intimität mit Dan, seinem Buddy. Kinderbilder über dem Artikel zeigten Ben mit Buddy im Alter von sechs Monaten süß sabbernd in die Kamera blickend. Wie also kam es, dass sie sich mit 30 nur noch ab und zu trafen, ein paar Worte tauschten, dann dieses harte Lachen entwickelten, fragte sich Ben, woher dieses menschliche

Bellen? Mit 40 sich gar nicht mehr trafen? Wie schaffte es seine Frau, fragte sich Ben, sich mit ihrer besten Freundin ständig zu zanken, dann wieder zu versöhnen? Selbst Obama, klagt Ben Schrank, habe doch nur einen Freund, und zwar Michelle.

Es klang, als habe Ben Schrank Angst, so zu enden wie der Herr, der neulich vor der Bäckerei saß. Er saß in einem Meer von leeren Stühlen. Es war feucht, wie es oft in Hamburg ist, in München würde man dazu Regen sagen. Er saß da, schweigend.

Was lief in ihm ab? Die Endlosmonologe seiner Frau? Die von Müller gestern? Reden, die er einmal gehalten hatte? Vor dem Team? Vor sich selbst? Man hätte ihn natürlich fragen können. Wetten: 9 zu 1, er hätte nichts gesagt.

PIRATEN UND
ZIMMERMÄNNCHEN

Neulich bin ich im Matriarchat gelandet. Angeblich gibt es ja kein Matriarchat, sagt die Forschung, bei der Vorstellung einer reinen Frauenherrschaft handle es sich vermutlich nur um eine Männerangstfantasie, möglicherweise aber auch um eine Frauenideologie mit kompensatorischen Anteilen für den feministischen Frustrationsausgleich. Aber da war er dann doch, der fleischgewordene Männerhorror, die hundertprozentige Frauenquote: zugegebenermaßen fast auf der anderen Seite der Welt, auf kleinem Gelände, einer Insel, besser gesagt, handelte es sich um einen luftigen Palmenhain. Mitten im Indischen Ozean.

Im Palmenhain lag ein Gästehaus. Der Ozean donnerte jenseits des Palmensaums nur so heran, was eine Soundkulisse ergab, die wie Tsunami klang, drinnen aber herrschte: Ruhe und Heiterkeit. Eine weißhaarige Lady war die Queen in diesem Land. Ihr zur Seite stand eine junge Frau von großer Eleganz, die wiederum hatte zwei Assistentinnen, alle vier Frauen zusammen ergaben die Führungsebene. Wen führten sie? Männer! Zehn, fünfzehn Männer, und was für Männer! Junge, zarte, kräftige, höfliche, hilfsbereite Männer, man könnte auch sagen: Hausmänner.

Wasantha und Chamila wirkten in der Küche, für

Linsensüppchen und süße Bananencreme. Nandana und Sumudu und ihre Crew waren Zimmermännchen, sie arrangierten anmutig Blüten in Wasserschalen, roten Hibiskus an wächsernen Frangipani, bohnerten die dunklen Holzdielen, bis sie wie Spiegel glänzten. Laken wurden glatt gezogen, Moskitonetze festgesteckt, als gelte es, Kinder sicher für die Nacht einzulagern. Im Garten sah man muskulöse Kerle, sie stratzten umher, Macheten in den sehnigen Fäusten, im Gefolge der zierlichen Queen zogen sie durch den Park. Auf kleinste Hinweise von ihr fielen sie her über das üppige Grün, zack und hau. Kein lautes Wort. Wie es denn so sei für eine Männermannschaft unter Frauen zu dienen, fragte ich nur mal so. Tiefes Lachen. Also, was fühlen Männer, wenn sie Blumen stecken, Betten machen, feudeln, die klassischen Frauenjobs? »Women's jobs?«, fragten sie. »No, no! This hard work. Only men can do it!«

Darüber nachzudenken füllte dann heiße Nachmittage. Verändert sich das männliche Gehirn unter Frauenkommando? Sinkt der Hormonpegel? Über mir wedelten die Palmen aufs Heftigste, als wollten sie etwas beitragen, es war dann aber nur so, dass einer der Kerle in gefühlter Höhe von 25 Metern eine Kokosnuss runterholte. In meiner Hand lag ein Buch, auf dessen Cover eine Schaluppe namens Sophie abgebildet ist und in der Burschen in nicht weniger zitternden Masten hingen. Hochgescheucht von einem Captain Jack Aubrey, damit sie nach Schiffen spähen, die er kapern könnte. Fette Prisen! Das Buch heißt *Kurs auf Spaniens Küste*, die Leihgabe eines Freundes, damit ich mich in Männerangelegenheiten fortbilde.

Auf der »Sophie« gibt es jedenfalls keine Genderkonflikte, weil Jack, bevor er in Mahón in See sticht, alle Frauen von Bord gejagt hat. Wie ist es also, nur so unter Männern? Die Kombüse produziert stinkendes Hammelfleisch, auch die Schlafräume haben ein sehr eigenes Aroma. Es wird auf der »Sophie« in vielerlei Hinsicht gedonnert und getobt, anschließend müssen Hoden wieder angenäht werden. Fühlen diese Männer? Was? Das könnte man sich beunruhigt fragen, gäbe es nicht diese ruhigen Momente vor einem Sturm oder Überfall. Da sitzen sie also, Piraten Ihrer Majestät, vor der untergehenden Sonne, auf Deck, mit aufgelöstem Haupthaar, das der Wind bewegt, »die nassen Strähnen schlangenartig glatt und dünn, es sträubte sich nach dem Trocknen und vor dem Ölen als wilde Mähne und verlieh seinen Besitzern etwas schrecklich Wüstes und Kassandrahaftes …«. Dann flechten sie einander ihr Haar zu langen Zöpfen, ob wie Männer oder wie Frauen, wen interessiert das noch?

IMAGE:
WALROSS

Natürlich sagt es niemand. Nicht im Wahlkampf! Man
sagt auf keinen Fall, der Kandidat sei grob, eitel, arro-
gant. Keiner sagt: Der Typ ist zu bullig, ohne jeden Six-
packverdacht. Er schwitzt. Der Kopf ist ein kantiges Ei,
wo sind hier die Haare? Wahlweise: Ist das die Tönung
»Viking Hell-Aschblond« oder noch »Dulce de Lecce«?
Ein Peer Steinbrück hätte jetzt »Leck mich!« gesagt, ein
Kohl hätte beleidigt getan und einen jahrzehntelang mit
Hass verfolgt, ein Trump würde schnauben wie ein ge-
färbtes Walross, wäre ihnen solche reflexhafte Abwehr
nicht von Politikberatern verboten worden, also früher
von einem wie Professor Gerd Langguth beziehungsweise heute First Daughter Ivanka. Ob einer wie Boris
Johnson überhaupt einen Politikberater hat? Wenn ja,
war der blind, hatte er nicht gesehen, wie das Hemd dem
Kandidaten aus der Hose hing? Braucht man dann so
was wie Politikberater, wenn sie blind sind?

Langguth war ein deutscher Politikberater, der seinem Kandidaten riet: »Er muss frisch, aggressiv, aber
gleichzeitig verbindlich sein.« Frauen wie Ivanka gelten
als Personen, die vor allem zur Mäßigung aufrufen, also
um Papa auf der Spur zu halten. Ivanka scheint aber
mehr Einfluss auf alle außer Papa zu haben, die ihr diese
Rolle zutrauen, die er mit Schulterzucken abtut. Frauen

wie Theresa May, die ihre eigene Beratung ist, verbreiten dagegen die Atmosphäre einer privaten Boyschool, wo unbotmäßige Kandidaten nach dem Abendessen Stockhiebe erhalten. Die Frage der Imagepflege ist für Politiker in globalisierten Zeiten jedenfalls nicht einfacher geworden. Einerseits, auf YouTube, diese Auftritte von Barack Obama, wie er eine Treppe hochsprintet und ohne jedes Pusten federnd die Bühne betritt, frech lächelt, das Jackett abstreift, am Mittelfinger nach hinten schwingen lässt – ein Alleinstellungsmerkmal, also aus den Augen von jemandem wie Herrn Gabriel, der das Mikrofon ausstellen müsste, damit man ihn nicht schnauben hört.

Einerseits darf man nicht wie von vorgestern wirken, andererseits nützt es einem Politiker gar nichts, dass Gucci bis Hermès in jedem Frühjahr wieder auf Mintgrün und Orange als neue Farbe setzen. Die Etikette beim Politikeranzug ist global rigide, wie sehr, zeigt eine Fotosequenz, in welcher Tom Donilon auf Xi Jinping traf, also der US-Sicherheitsberater auf den Generalsekretär der Kommunisten Chinas. Da saßen sie, ehemals echte Feinde, unter der Fototapete, Kranich an Fluss – was sah man, man sah zwei blaue Anzüge, zwei blaue Krawatten. Was hat mehr Pep als ein blauer Anzug zur blauen Krawatte? Die Frage ist nicht einfach zu beantworten. Selbst Thomas Strerath, Chef der Werbeagentur Ogilvy, wagt sich ja kaum über zwei, maximal drei geöffnete Knöpfe unterm Kinn hinaus. In Bayern, so viel ist klar, ist der Janker vorgeschrieben – Leinen, Hornknöpfe, Stehkragen, eine Art von Mao-Kittel für Jodler.

Bliebe also die Frage nach dem Accessoire, mit dem

sich ein Mann scharf profilieren kann. Ein ganz schwieriges Terrain. Man erinnert sich ungern daran, wie der öde François Hollande die marienheilige Ségolène gegen eine blonde Sirene austauschte, was sein Langweiler-Image kurz aufpeppte, bis die Ségolène anzickte und Hollande als Tölpel dastehen ließ, als Weichei, der seine neue Frau nicht in den Griff kriegt. Old Style. Wahr ist allerdings, dass Emmanuel Macron heute mit seiner Brigitte punkten kann, weil sie, wie Michelle in Washington, als Ausweis von Mut rüberkommt. Diese Frauen sind so glamourös, so powerful, dass der gemeine Mann sich vor ihnen nur fürchten würde. Hier aber ist es umgekehrt, der Mann an ihrer Seite zieht die Bewunderung auf sich, weil er sich solche Weiber zutraut. In ihrem Glanz gewinnt er an Profil. Und das, obwohl der Mann, Brigitte oder Michelle hin oder her, raus auf die Bühne muss, ins Scheinwerferlicht, vor die Kameras, ohne Skinsmoother und Wimpernbooster. Sie stehen dann da, Männer im Anzug, die Lippen trocken, das Haar schütter oder früh ergraut. Frauen würden sich das nie trauen. Ja, auch wenn es gelegentlich ernüchternd ist, was die Wähler dann zu sehen kriegen, zeigt es doch, Männer: eine große Tapferkeit!

SAMTIGE GLOBULI

Glücklicherweise mache ich gelegentlich Urlaub, also im Ausland. Wie unbefangen man dort plaudern kann! Wie sagt es der Engländer mit dem Seufzer der Erleichterung? Continent cut off.

Draußen liegt dann der stumme Nebel über dem Hafen, drinnen schlürft man seinen Gin Tonic und tauscht sich aus. Es geht um jene sanft gerundeten Teile, die in Suffolk gerade alle Gemüter erhitzen, es geht um knospige, dann sich birnenförmig, vielleicht tropfenähnlich entwickelnde, jedenfalls bezaubernde Formenvielfalt. Der Mann neben mir redet sich in Ekstase zum Thema »irisierende Oberfläche der prallen Kugelform«. Wie sie sanft hin und her schwappt, nachzittert, darauf der süße Knubbel. »Finden Sie nicht«, sagt der Mann, »finden Sie nicht auch, dass ›Diggory‹ das allerschönste aller Schneeglöckchen ist?«

Unbedingt. Muss man das doch sagen können. Auch als Mann. Der Engländer liebt Schneeglöckchen. Galanthus irgendwas, wo man hinschaut, im England des frühen Frühlings, weiße Blütenteppiche. Engländer sind Virtuosen der Verbindlichkeit und haben einen Weg gefunden, sich über samtige Globuli zu erregen, ohne dass ihnen jemand böse wäre. An dieser Stelle wurde schon darauf hingewiesen, dass Männer, die sich mit zwitscherndem Ttttt zu Hunden runterbeugen, eine erstaunliche Sanftheit erkennen lassen; Ähnliches gilt für Männer im Verhältnis zum Schneeglöckchen, das seit je ein Zeichen der Unschuld ist, davon färbt womöglich etwas ab.

Der Mann als Gärtner ist eine unterbelichtete Spezies. Wie überberichtet ist dagegen der männliche Fötus (hochgefährdet), der Mann im Auto (immer auf Kollisionskurs), der Mann in Chefposition (oft in mindestens Zweitehe)! In Amerika erschien jüngst eine Studie über den Mann als Haushaltskraft, die es auch in Deutschland zur Headline gebracht hätte, hätte man sich dort nicht gerade auf »den Mann als alte Plaudertasche« fokussiert.

Der Titel der Studie: »Gleichheitsgedanke, Hausarbeit und die Häufigkeit sexueller Begegnung in Ehen« von Sabino Kornrich, Julie Brines and Katrina Leupp *(American Sociological Review,* 78). Man hatte die Arbeitsthese überprüft, ob Männer, die Hausaufgaben machen, von Frauen durch Sex entlohnt werden. Der Beitrag der Männer zur Hausarbeit habe sich in den letzten 50 Jahren verdoppelt, von 15 auf 30 Prozent, was ließe das für Sex erwarten! Leider dann doch nichts Gutes: »Insgesamt legen die Ergebnisse das Resultat nahe, dass Sexualität durch die Inszenierung von Weiblichkeit und Männlichkeit in entsprechenden Rollen bei der Hausarbeit bestimmt wird, die mit den sexuellen Vorstellungen übereinstimmen, welche heterosexuelle Lust organisieren.« Okay? Vereinfacht: Hausarbeit enteiert Männer. Es sei denn, sie übernehmen rein männlich codierte Tätigkeiten (etwa: Stall reparieren).

Man kann sich leicht vorstellen, wie erleichtert der ein oder andere Mann, der Küchenarbeit fürchtet, als müssten seine Milchdrüsen angeworfen werden, diese Studie rezipiert hat. Tatsächlich überzeugt mich die Theorie gar nicht. Vielleicht, weil der erste Mann, den ich im Sexualakt sah, vor einem Küchentisch stand. Es war nach dem Abi, und ich war sweet 18 und in Amerika, ich wollte auf einem Campingplatz vom Trailer nebenan Streichhölzer holen und sah durchs Fenster, ob wirklich niemand zu Hause war. Er stand vor dem Tisch, sie lag, die Beine oben, der Rock ... nun, die Situation wird klar. Nicht zu klären war, wer vorher gespült hatte. Nur: Warum sollten Männer an der Spüle nicht den gleichen Sex-Appeal entwickeln wie Frauen am Kopierer, einem Ort mit, statistisch betrachtet, allerhöchster Reizstufe?

Warum der Kopierer, warum nicht auch die Edelstahlspüle? Liegt es am Feinstaub? Am Spüli? Oder am Dünger? Was triggert Lust?

Einige der englischen Gärtner wirkten übrigens, man muss es leider sagen, fast selbstbefruchtend. Körper wie reife Früchte. Andere Typen kamen extrem männlich rüber – und erwiesen sich als schwul. Ob Männer als spülende oder gärtnernde Objekte bevorzugt von Männern begehrt werden? In England? Oder auch auf dem Kontinent? Dazu sagen wir hier mal vorsichtshalber nix.

UNSERE MOPPEL

Die dpa hat gelegentlich eine Art, Nachrichten zu formulieren, die herzlos ist. »Deutsche Männer mit Normalgewicht sind in der Altersgruppe von 35 bis 39 jetzt in der Minderheit«, hieß es jüngst schnöde. Was soll man dazu sagen? Einer kleinen Privatumfrage zufolge sagen die Leute: Würg! Man kann es verstehen. Bäuche, die sich wölben. Falten aus Fett, Dellen aus Cellulite – gibt es für so was nicht Frauenmagazine? Für dumme Gänse, die Frauenmagazine lesen? Sollten jetzt auch Männer so was lesen? Anders gefragt: Wie haben Männer es verdient, Männer im besten Alter, so bloßgestellt zu werden? Männer, die seit Jahren mit Takt dazu schweigen, dass ihre Liebsten beim Rendezvous Blättchen von Salat, Kohlraspel und Sprossen wegschreddern wie ein Häschen das frische Grün in McGregors Garten und die nun zur Strafe rüberkommen wie Häschen-Begleitpersonal im Speckmantel?

Wir haben Männer der Altersgruppe 35 bis 39 vielleicht zu lange als junge Helden wahrgenommen, um die Krise zu bemerken. Die Generation der 35- bis 39-jährigen Männer ist natürlich nicht wirklich jung, dies mal vorweg. Tatsächlich hat es lange so gewirkt, als würde diese Kohorte nie, nie, nie altern, sondern mit den Jahren eher die Jahre abwerfen, weshalb meine Freundin B. darauf verfiel, Männer dieser Generation mit der Bemerkung vorzustellen, sie seien zwar jung, wenn auch keineswegs so jung, wie sie wirkten. Generation Golf! Haben so viel erreicht! Es sind die Florian Illiesse unserer Welt, wenn man sie googelt, sagt Google unter »wird auch oft gesucht«: Christian Kracht! Gottfried Benn! Rolf Dobelli! Und, hups, Ausrutscher, Else Lasker-Schüler, nobody is perfect.

Heute verliert leider schon die Imago des ganz jungen Mannes an Kontur; in der Altersgruppe 18 bis 19 Jahre finden sich nicht weniger als 20 Prozent von Fettleibigen. Jeder Fünfte! Unsere Boys, die man gerade noch liebevoll als Hänflinge bezeichnet hatte. Die Ladyfeministin Germaine Greer hatte diese Männergruppe einst den reifen Frauen als Toy Boy empfohlen, weil so frisch, so freundlich, wie die sind, süße Typen, welche auch die Schwulenkalender bevölkern – nun sind sie womöglich geoutet als Traumgestalten aus dem Abspeckungsprogramm von Photoshop.

Männer haben lange die Kunst beherrscht, ihre Silhouette schlanker wirken zu lassen, als sie ist. Kaum ein Mann, der sich, wie Mädels es so blöde tun, die Ideallinie dadurch versaut, dass er den Unterarm abspreizt und als Haken für kostspielige XXL-Taschen benutzt. Bei Männern: Fäuste in Hosentaschen. Das musste reichen, jedenfalls bis 50. Dass alte Männer dick sind, ist ja normal. Ein Aga Khan, Helmut Kohl – Gott hab ihn selig – fand trotzdem eine nette junge Frau. Warum? Weil fette alte Männer auf junge Frauen lange so wirkten, als hätten sie auch fette Brieftaschen, jedenfalls wurden sie als Zentrum einer schwerwiegenden Machtanhäufelung wahrgenommen, ein Grund vielleicht dafür, dass noch heute acht von zehn Männern dieser Altersgruppe versuchen, zumindest äußerlich, in der Silhouette, diesen Eindruck von Anhäufelung zu erwecken.

Es sind die jungen Männer, um die man sich Sorgen macht. Körperschwellungen an der falschen Stelle können sich hinderlich auswirken, nicht nur beim Sex. Wir wollen nicht krämerisch gleich nach den Kosten für das Gesundheitssystem fragen, oder ob wir bereit sind, der Generation Golf die gewichtszermürbten Knie mit Silikon zu retten. Die Fragen müssen tiefer bohren: Warum verschanzen sich junge Männer hinter Speckwülsten?

Ist es, weil Frauen immer häufiger auf fleischfarbenen Lackpumps an ihnen vorbeistaksen? An Männern wie Til Schweiger, der im »Tatort« den Arnold gibt und am Ende wie ein Untoter wirkt, den nur noch Heftpflaster zusammenhalten? Wo bleiben die verlockenden Lebensperspektiven für junge Männer? Wir haben es beim jungen verfettenden Mann womöglich mit einer Abpolsterung gegen die Zumutungen des Lebens zu tun, ähnlich wie jene, mit denen Föten ausgestattet werden, bevor sie sich auf die harte Tour durch den Geburtskanal in das noch härtere Leben machen. Bei Babys finden das natürlich alle knuffig, diese Speckröllchen im Nacken, die rundlichen Schultern, jedenfalls Muttis! Aber, Männer, die bittere Wahrheit ist, fürs Leben reicht es nicht, was Mutti findet.

HOODIE-ALARM

Letzte Woche ist der Sohn meiner Freundin mit der Polizei zusammengerasselt. Traumszene. Schönster Hamburger Westen, eine Straße mit Villen zwischen Magnolien, gerade wird es dunkel. B. geht mit seinen 17 Jahren und seiner fragilen Giacometti-Silhouette von 187 Zentimetern auf dem für diese Tätigkeit vorgesehenen Gehweg, da braust die blau-weiße Minna heran, brettert auf den Gehweg, bremst ihn aus, blockiert ihn, als wäre er auf der Flucht. Gebelltes: Ausweis? Name? Was tun Sie hier?

Für Höflichkeiten war wohl keine Zeit. Auf die Gegenfrage, was die Polizei denke, was sie gerade tue, war zu hören, eine Anwohnerin hätte die Ordnungskräfte alarmiert. Gefahr im Anzug beziehungsweise Gefahr durch Typ ohne Anzug! Einer mit Hoodie! Mit Kabeln, die raushängen, aus dem Hoodie! Mein Gott, was muss sie sich gedacht haben, die zitternde Elbschnepfe, wie brisant die Lage nun ist, in den Hamburger Elbvororten, bei diesen Kabeln, ist das jetzt hier schon wie in Kabul?

Zur Entschuldigung muss man vorbringen, dass der Hamburger Westen, nervlich betrachtet, schon immer eine Prekariatzone war. Diese ständige Anspannung! An der Wand geerbte Kunst, vor der Tür die Polentruppe, sind es die Maler oder Diebe, wer will das heute wissen, oder welche Namen auf dieser neuen Steuer-CD eingebrannt sind, die letzte Woche den Medien zugespielt wurde. Heute kann man lesen, dass das Geld selbst in Luxemburg bald nicht mehr sicher ist. Ja, wohin damit? Die Nerven liegen blank. Im Jahre 2001 haben solche Ängste zu 19,4 Prozent für die Rechtsstaatliche Offensive von Ronald Schill geführt, dem die Polizei übrigens das Blau-Weiß ihrer Minnas verdankt und der die Kastration von Sexualstraftätern verlangte. Schill ist jetzt weg, aber hat nicht Singapur gerade Hoodies verboten? Oder war es in Athen? Man hat doch noch die Bilder des flammenden London vor Augen, oder war das in Amerika, wo die Hoodies durch die Nacht tanzten, in den Armen geklaute Panoramabildschirme?!

Der Blick auf die männliche Jugend ist immer skeptisch. Dazu gibt es sogar schon Literatur. Bücher, die sich die junge Männlichkeit als Kriegsgefahr vorgeknöpft haben! Manchmal versuchte ich mir vorzustellen, wie es sich wohl anfühlt, so als junger Mann an einer Buchhandlung vorbeizugehen, und da liegt ein Titel aus, der einen vor einem selber warnt. Vielleicht normal. Als einmal Mädchen aus der Klasse meines Sohnes in einem Hohlweg von einem alten Lüstling angequatscht wurden, verlangte eine Mutter, dass alle Jungen der Klasse zum Thema »Sexuelle Gewalt« nachsitzen sollten. In Klasse fünf! Elfjährige Männer als potenzielle Lüstlinge! Eigentlich habe nur ich mich aufgeregt, für meinen Sohn war das kalter Kaffee. Schon in Klasse vier hatte er nachsitzen müssen, um Seite um Seite mit dem Satz zu füllen »Ich darf nicht gewalttätig sein«. Das war, nachdem er ein Kissen auf eine Horde Mädchen geschleudert hatte, die um ihn rumtanzten und schrien: Du liebst Aaaana! Du liebst Aaaaana! Du liebst Aaaana!

Alten Männern geht es natürlich kaum besser. Der Kollege H. berichtet mir verschämt von seinen nächtlichen Heimwegen, wie das ist, wenn er an der Endstation der S-Bahn ankommt und nach Hause will. H. trägt kein Hoodie, aber viel Volumen vor sich her, schon möglich, dass sich eine Frau an den Glöckner von Notre Dame erinnert fühlt, wenn H. Gas gibt, um sie, die mit spitzen Panikbewegungen vor ihm her durch den Park davonhastet, zu überholen, damit sie nicht denkt, er verfolge sie.

Man soll die allabendliche Genderproblematik in Parks nicht runterspielen. Erwähnt werden muss aber, dass es Typen gibt, die auf Hoodies verzichten und dabei trotzdem nicht ungefährlich wirken. Wie man neulich sehen konnte, als der WDR-Chefredakteur Jörg Schönenborn den russischen Präsidenten Wladimir Putin interviewte und Wladimir breitbeinig in seinem Sessel runterrutschte, wohl um Jörg auf die prallen Ausbuchtungen seiner Hose aufmerksam zu machen. Gänsehaut! Aber will man deswegen gleich alle Typen mit dünnem Haupthaar fürchten und die Polizei rufen? Mein Gott, da müsste einem ja selbst vor einem Christian Lindner angst und bange werden!

NASENALARM

Vielleicht war mein Großvater der kratzigste Typ, den ich je gekannt habe. Eine Mutprobe sah in meiner Kindheit so aus: Man kniete sich neben Opa auf die Küchenbank. Dann galt es, einen Berg aus struppigem Tweed zu überwinden. Man musste dieses raue Gelände überwölben, bis die Nase seine Wangen erreichte. Opas Wangen waren schimmernde Landschaften, darin lag auf rötlichem Grund ein bläuliches Flussgeäder, alles war bewuchert mit Kurzstoppeln in der Härte einer verloren gegangenen Vorkriegsqualität. Noch heute fühle ich den Schauer, der mich durchrüttelte, wenn die Nase über dieses Kurzschilf fuhr. Ein Erlebnis, das sich übrigens nur am frühen Morgen verweigerte. Morgens waren die Wangen immer weich und glatt. Sie verströmten dann einen Duft, der für mich der Geruch der Kindheit ist. Wie ihn beschreiben? Als sanfte Sauberkeit? Als ein Versprechen von Reinheit? Die Gewissheit, dass in diesem Leben kein Mist so hartnäckig anhaftend sein könnte, als dass er sich nicht wegschrubben ließe? Am intensivsten war der Opa-Duft in den beiden Kurzfalten, die längsseitig vor seinen Ohren ankerten, in deren Grund sich gelegentlich Reste einer blasigen hellen Substanz ausmachen ließen. Rasierschaumreste!

Über das Aroma älterer Männer ist viel Böses angemerkt worden (von Leuten, die meinen Großvater nicht kannten). Einmal las ich in einem Gedicht einer deutschen Lyrikerin äußerst Unbarmherziges über den Geruch des alten Mannes. Um fair zu sein: Auch ich kenne alte Männer, neben denen Platz zu nehmen ich niemandem raten würde, nicht in der Bahn und nicht im Kino, nicht in der Kirchenbank und nicht mal in der Oper, was kein Ort ist, wo sich Penner treffen. Aber doch Männer eingelassen werden, die zwar in elegantem Zwirn ihren Körper ausführen, olfaktorisch aber in klebrige Einfahrten öffentlicher Garagen gehören. Das ist schade. Der Geruch alter Männer ist so legendär, dass der Steuerflüchtling Uli Hoeneß sich in einem Interview frech über sein Angstschwitzen während der gestörten Nachtruhe ausließ, wohl um bei den Strafverfolgungsbehörden Mitleidsimpulse auszulösen. Puuuuh!

Fest steht: Der Mann wird als Geruchswunder geboren. Ich kann es bezeugen. Ein männliches Wesen verströmt, kaum dass er aus dem Geburtskanal geschlüpft ist, genau wie ein weibliches natürlich, dieses Aroma von Süße und Zartheit, das in Müttern ein Suchtverhalten auslöst und sich schon aus diesem Grunde glücklicherweise nicht ein ganzes Leben hält, wer hat schon gern eine schnüffelnde Mutti am Hals. Die erste Bedrohung des Mannes kommt dann als »Bübchen«-Bad. Später verwandeln dann die Absonderungen der apokrinen Schweißdrüsen des männlichen Teenagers sein Bettzeug in – nun ja – etwas, dem mit Biowaschmittel auf 60 Grad nicht beizukommen ist. Der Teenager seinerseits wird anführen, dass er mit geschlossenen Augen mit hoher Trefferquote die Geruchsaura des einen Lehrers von der des anderen unterscheiden kann (und vorsichtshalber die Augen geschlossen hält, um nicht die Kleckerspuren auf dem Hosenlatz des Lehrers zu sehen, die dem von Roald Dahl beschriebenen Bart von Mr Twicks alle Ehre machen würden).

Männergerüche treten in großer Variabilität auf. Es gibt Phasen im Männerleben, in denen Frauen komplett haltlos werden, weil ihnen Androstenon, ein Metabolit von Testosteron, in die Nase steigt. Das wird gelegentlich überlagert vom sogenannten Männerduft, einem Labor-produkt, das wie Damenparfum nicht umsonst zu haben ist und doch oft ein wenig uniform wirkt. Was eventuell Fehlalarm auslöst. Man sitzt im Flugzeug, und aus der Reihe vor einem steigt diese Wolke auf und mit ihr eine Woge von schönsten, vielleicht schmerzlichen, jedenfalls Verlangen auslösenden Erinnerungen – an wen noch mal? Männer! Ja, wie soll man euch unterscheiden, wenn nicht durch euren Duft?

KURZE FRAGEN

Es ist ein haariges Thema. Das nackte Männerbein ist aus dem Fokus geraten, mindestens seit – wann? Meine Mutter pflegte zu sagen, dass sie sich in die Beine meines Vaters verliebt habe *(so sportlich! so wohlskulptiert)*, was mich als kleines Mädchen derart schockierte, dass ich leider vergaß nachzufragen, bei welcher Gelegenheit man sich etwa 1944 in die nackten Beine eines Mannes verlieben konnte. Nun gut, es war Krieg. Jetzt ist bald Sommer. Und man sieht sie überall. Nackte Männerbeine. Nicht auf den Straßen, Gott hat ja noch den Daumen auf der Temperaturkurve, aber schon rechts und links neben der Straße, hinter Glas, wie auf dem Sprung, in den großen Schaufensterauslagen.

Man geht durch die Straßen und sieht bei H&M ein Himbeersakko zu beigefarbenen Shorts. Daneben: ein taubenblaues kurzes Beinkleid, mit oben Creme, einreihig geknöpft, schmales Revers. Man sieht beim exklusiven Herrenausstatter wild abgefahrene Muster bei Beinkleidern, die es nicht zu den Knöcheln schaffen und Waden bloßlegen, deren Schwung zu schmalen Hemden kombiniert wird. Nicht bei Boss natürlich, bei Boss wirkt ja schon ein nachtblauer Anzug über sich selbst erschrocken. Cos aber kombiniert ein elegantes Bomber-Jacket (Retrostrick melange) zu dunkelblauen Shorts, die etwa eine Handbreit über dem Knie enden. Neue Fragen stellen sich jetzt also. Wie kurz darf, wie lang muss es sein, das Höschen? Welche Farbe geht noch, man sieht ein sehr, sehr kurzes Teil in Nude (nude wie »nackigt«), eine Farbe, die Kate Middleton einführte für High Heels in Lack. Der stilbildende Andrew Bolton, Fashion-Kurator des New Yorker Metropolitan Museum, dachte noch, er könne diesen feuchten Frühling im knöchellangen Hochwasser-Flanell durchqueren, was jetzt aber kommt, ist geradezu Tornado-geeignet. Hosen, so kurz, dass sie Wogen von Blicken standhalten sollten.

Die Wirkung der kurzen Hose für den Mann wird ihn und uns nun beschäftigen. Nimmt sie, gibt sie einem Typen Männlichkeit? Wie cool wäre etwa die Verweigerung? Könnte das Kurzhöschen in einem Wahlkampf neue Akzente setzen, müsste dann etwa auch Merkel Bein zeigen, wenn ein Schulz sich vorwagte? Was dann mit Trump? Werden Haare wichtig, so wie die Trump-Perücke, nun aber für die Waden, wenn ja, in welcher Tönung? Ganz heikel: Wie viele Stimmen würden blanke Spargelbeinchen kosten, vor allem: Wessen Stimmen würden dem Kandidaten fehlen? Die von Rentnern, die noch wissen, wie knackig ein echter Mann aussieht? Stimmen von Erstwählern, die sich selber nicht trauen und deshalb auch nicht einem, der so staksig daherkommt wie sie? Muslimen, die nicht nur Frauen unter Burkas stecken möchten, sondern sich insgeheim nach einer Djellaba sehnen? Wie wirken sich luftumspülte Beine auf das Testosteron-Level aus – ob Shorts ähnlich kastrierend wirken wie das gefürchtete Tragen von Büro-Kaffeekannen durch Männerhand?

Das alles muss natürlich nicht so eintreten. Immerhin: Schon Heinrich VIII. trug kurz, also Ballonhöschen, wie sie um die Jahrhundertwende von 1500 modisch waren, und niemand hätte gedacht, er sei schwul oder gar ungefährlich. Apropos schwul: Spannend wird es, wenn das Bundesverfassungsgericht schwule Paare in den Genuss der steuerlichen Subvention der Hausfrauenehe heben. Es wird sich dann zeigen, ob sich Männer, wie es heute nur Frauen tun, durch einige Tausend Euro Steuernachlass für die Nichtausübung einer Berufstätigkeit aus tollen Jobs locken lassen und das dann als sexuell anschmiegsame Rolle interpretieren, kurz: Wer hat demnächst in der schwulen Ehe die Höschen an? Anders gefragt: Wie schwul darf Männlichkeit werden?

Für Dior Homme laufen immer noch schmoll-lippige, langbehoste Toy Boys, an denen das Härteste das Leder ihrer bulligen Reisetaschen ist. Bei Mad Men wäre ein Don Draper in Shorts unvorstellbar. Aber schon bei Roger Stirling – wie cool wäre das denn, dieses weiße Haar zu einem eleganten Short Suit? Man sieht doch schon, wie die Ladys auf die Designercouch sinken.

Kurze Hosen, so die Befürchtung, könnten nur der Anfang sein – von was? Wie würde es dann weitergehen mit der Mode für Kerle? Mit kleinen Absätzen? Goldenen Schnallen, einem kriegerischen Musketier-Look? Mit hohen Absätzen, der Corpus überzogen mit babyviolettem Flaum, mit dem das Modehaus Céline schon mal die Frauen auf die Pirsch schickt? Männer! Fürchtet euch nicht, es wird sicher alles sehr, sehr hübsch.

WAHRE HELDEN
UND ANDERE

Sie schienen gerade noch so old fashioned. Starke Typen! Meistens kamen sie als miese Kerle vor. Schon mal aufgefallen, dass es den Helden häufiger in der Kategorie des Schurken als des Gutmenschen gibt? Mal ehrlich: An wie viele Gandhis erinnern wir uns? Thomas Morus, sehr gut. Das war 16. Jahrhundert. Martin Luther King? Soll sehr viele Frauengeschichten gehabt haben, sagt Jackie Kennedy, die sich bei Männern mit Frauengeschichten besser auskannte, als ihr lieb war. Der Dalai-Lama? Okay. Mutter Teresa, um auch mal was über Frauen zu sagen? Wir sagen nix. Wie gesagt, es muss schwierig sein, so gut, so heldenhaft zu sein, dass es bis zum Tod und darüber hinaus reicht. Bei miesen Typen kann man nur positiv überrascht werden.

Schon die Helden meiner Kindheit waren mau. Sie saßen vor Goldrandtellern und mümmelten Ananastorte, sofern sie es schafften, mit einer Holzhand, die im schwarzen Lederhandschuh steckte, die Gabel zielgerade zum Mund zu führen. Leere Ärmel, hochgeschlagene Hosenbeine, unter der Schädeldecke pochte, wo ein Stück Knochen fehlte, etwas Weiches, das eher Übelkeit als Bewunderung hervorrief. Da war, selbst unter Bedingungen einer Dorfkindheit, wenig Glamour. Und noch weniger Worte über das, was sie so getan hatten, diese

Anti-Helden, dass sie so ramponiert nach Hause kamen; wollte keiner wissen. Helden kamen dann ersatzweise aus dem Kinofach. Der Ritter bei Monty Python! Auf dem letzten Bein rumhüpfend: »Hau doch drauf, wenn du dich traust!«

Mein Lieblingsheld war übrigens Tony Curtis, wie er die süße Christine Kaufmann aus den Flammen eines Scheiterhaufens reißt, da wusste man noch nicht, was für eine miese Ehe das werden würde. Helden aus dem Film halten sich nicht, sie sind eine gefährdete Spezies; kommen ab vom Weg (James Dean), werden fett (Marlon Brando), sind doch schwul (Cary Grant, Montgomery Clift) oder heiraten Angelina (Brad Pitt) und legen dann hässliche Scheidungen hin. Clint Eastwood? Verledert.

Von den großen Bösen in der Wirklichkeit haben sich nicht wenige ins Off manövriert. Gaddafi weg, Saddam gehängt, Mubarak verschwunden, Berlusconi heult. Auf Bildern, die sich am unteren Rand von Zeitungsseiten finden, sieht man B.s Augen hinter einer Sonnenbrille, einmal kein Haifischlächeln, dazu ein Zweizeiler: »7 Jahre einsitzen (für 4,5 Millionen Euro)?« Und daneben das Foto eines Sportcoupés und der Satz: »1 Tag zweisitzen (für 143,– Euro)!« – Von einem Autovermieter verspottet! Kann es schlimmer kommen?

Als unser einstiger Oberster Heeresführer de Maizière vor den Parlamentarischen Untersuchungsausschuss musste, zeigte ihn eine Karikatur, wie er zu Mutti Merkel schielt und ihr zuflüstert: »Kann ich nicht eine Drohne schicken?« Das zum Thema Tapferkeit. Bei der Bundeswehr! Trump mag wie eine der größten

45

Gefahren für den Weltfrieden daherkommen – vom Typ her ist er der Clown. Damit könnte man glücklich sein, gäbe es nicht Leute wie Bradley Manning oder Edward Snowden. Typen, die ihr Leben verwetten, damit wir mal was über die Hintergründe des Krieges im Irak und in Afghanistan erfahren oder unser Recht auf Privatsphäre bekommen, das wir selber so haltlos vertwittern. Männer, die viel gewagt haben.

Manning ging dafür ins Gefängnis. Snowden sitzt in Moskau fest. Manning wurde begnadigt und heißt jetzt Chelsea, ihre größte Heldentat scheint jetzt zu sein, dass sie es wagte, ihr Mannsein abzustreifen und eine Frau zu werden. Woran wird man sich erinnern, wenn es vorbei ist für Snowden? Woran wird er sich erinnern, also wenn er dann noch lebt?

An jeden Tag Soljanka in Moskau? An Wodka, ex und hopp, Glas wütend an die Wand geknallt, zu lautes Lachen, danach ein bisschen Weinen? Während er zuhören muss, wie die Russen darüber lachen, dass es jetzt der amerikanische Präsident ist, der ihnen Geheimnisse verrät? Männer! Es braucht vielleicht wahre Helden, um einen Snowden da rauszuholen!

SENIOR,
IN NUDE

Das Sommerloch! Könnte jetzt mal zu Ende gehen. Ein Sommerloch, in Kombination mit Hitzewelle (wahlweise: ausbleibender Hitzewelle), drohenden Pilotenstreiks, Ersatzbriefträgern oder den gefürchteten Verspätungen im Bahnverkehr »auf Grund von Verzögerungen im Betriebsablauf«, führt zu Nervenkrisen oder medialen Überreaktionen. Letzte Woche etwa tauchte der entblößte Unterleib eines 70-Jährigen auf meinem Bildschirm auf, gleich neben meinem E-Mail-Konto, wo normalerweise Modemarken winken mit den neuen Handtaschenhypes! Dem angesagten Wildtierlook! Den süßen glubschäugigen Fendi Bags mit fetten Wimpern aus versteiftem Lametta. Die Bag Bug Pompon aus Fuchsfell in den Farbnuancen Graphit-Bleu-Zinie-Rosa-Zitrone. Und jetzt: Altmännercorpus, in Nude.

Wie konnte das passieren? Geklärt ist: Ein Senior, in der Weite seines australischen Kontinents (7 Millionen sparsam bevölkerte Quadratkilometer), hatte, sich unbeobachtet wähnend, eine Gabel in seinen Penis eingeführt, dann aber, wegen technischer Probleme, eine Klinik (Canberra Hospital) aufsuchen müssen, jedenfalls gelangte eine Großröntgenaufnahme des Essutensils vor dem Hintergrund angegrauter Beckenknochen und eines unspektakulären Hodensacks ins Netz. Penis-Leak, eindeutig. Von wem?

Gerade noch hatte man sich darüber empört, dass Yahoo unsere Daten womöglich für millionenschwere Dollarzahlungen in den amerikanischen Geheimdienst-datenstaubsauger stopft, nun könnte man mutmaßen, Dateneichhörnchen hätten vielleicht das eine oder andere leckere Detail aus dem medialen Heuhaufen umgekehrt Yahoo wieder überlassen, das, oh Wunder, plötzlich der meistbesuchte Internetdienst der Welt ist. Google abgehängt! 196 Millionen Besucher pro Monat! Naiv gefragt: Wegen oder trotz dieses Altmänner-Penis? Statt eine Antwort zu bekommen, muss man sich ansehen, wie die blonde Yahoo-Chefin Marissa Mayer stumm und mädchenhaft lächelt.

Der Penis ist immer, nicht erst seit diesem Sommer, eine natürliche, viel beachtete Größe. Im Sommerloch 2011 schon war der US-Kongress-Abgeordnete Anthony Weiner durch Postings aufgefallen, die Wikipedia »freizügige Bilder von sich« nennt. Weiner war damals Mitglied des Ausschusses für Terrorismus, Sicherheit und Recht, er galt in seinem Office als Mitarbeitergeißel. Hatte er wieder mal heimlich die Aufmerksamkeit der Kollegen im Datenspähen testen wollen? Oder hatten sie dem Chef-Arsch einen Streich gespielt? Wir möchten jetzt nicht im Detail ausführen, welche Unappetitlichkeiten Anthony Weiner noch anzulasten sind, sie reichen jedenfalls bis hin zur Sabotage des Wahlkampfs von Hilary Clinton durch schlüpfrige Messages an Teenie, was zu polizeilichen Ermittlungen führte, die ihrerseits streunende Mails von Clinton in den Fokus des FBI rückten ... Stoff für »Mad Men«, dessen Autor Matthew Weiner womöglich mit Anthony Weiner absurde Plots ausheckt? Unvermeidlich jedenfalls: Rücktritt! Rücktritt auch, im Sommerloch, von Peter Dowling, seinerseits Vorsitzender des Ethikausschusses des Parlaments von Queensland, Australien, wegen Fotos im Netz, die seinen kleinen Freund zeigten, in Rotwein schwimmend.

Das spülte dann wohl letzte Hemmungen weg. Der englische *Guardian,* dessen Berichterstattung über den NSA-Skandal die Regierung schon anfing zu langweilen (Whitehall: »Ihr hattet euren Spaß, genug!«), ließ sich zu einer ganzen Penis-Sonderseite hinreißen. Oben ein Foto der journalistischen Wunderwaffe Suzanne Moore (die das ist, was man hierzulande »Alt-Feministin« nennt, wohl ein Gender-Pendant zu »Alt-Bundeskanzler«), das Foto war typischerweise am Vortag eines längst fälligen Friseurtermins aufgenommen, unten dann das Foto eines Toasters, dazu eine oberlehrerinnenhafte Abhandlung von Suzanne in zehn Punkten zum Thema Penis, etwa: Steck ihn nicht in Elektrogeräte! Tunke ihn nicht in Rotwein, die Farbe könnte die falschen Assoziationen wecken! Etc.

Wir wollen niemandem auf die Nerven gehen. Aber es muss erwähnt werden, auch *Spiegel Online* spielte sich neulich mit einem Penis-Spezial nach vorne. Es war ein Video über neue Sexshops für Giggel-Girlies! Alles in Mint und Pink und Yellow. Lutschsichere Skulpturen im angesagten Bubblelook, aus Silikon und natürlich ganz ohne Weichmacher, dazu dieses Blondinengesäusel im Stile von: »Ich mag meinen am liebsten in Lavendel …«

Männer! Genug ist genug. Wann kommt Abkühlung, wann ist endlich Herbst? Und wo wäre der Sexshop für jene Sorte von stilbewussten Boys, die zu ihrem Ben-Sherman-Polo ihr Mac Air in einem Prada-Täschchen transportieren? Da täte ein bisschen Fantasie gut. Warum nicht ein Leopardenfutteral für das pneumatische Busen-Luftkissen? Oder Kaschmirmuschis für die neue Winter-Saison? Traut euch, Männer!

DAS GEHEIMNIS

Das süße Y, das so oft verhöhnte, als verkümmertes X-Chromosom geschmähte Stümmelchen, das zeigt es uns jetzt. Was es zeigt? Sein kleines DNA-Geheimnis. Über Männer. Das Y-Chromosom macht ja, dass aus einem sich weich krümmenden Eilein nicht nur Ärmchen und Beinchen sprießen und Zehlein wie bei den Rehlein, sondern sich neben dem Dünndarm auch die Möglichkeit zu einem Bartwuchs ausbildet und – BLING (Sexualsprache zensiert). So weit bekannt. Unbekannt war bis letzte Woche, was sich, bis auf BLING und Bartwuchs, auf diesem Y an weiteren Informationen versteckt, vermutlich war in weiten Kreisen nicht einmal bekannt, dass Männer überhaupt Geheimnisse haben, geben sie sich doch gern so unverstellt offen, indem sie Frauen zum Geheimnis erklären (»unbekannter Kontinent«, siehe Freud).

Bei Männergeheimnis fallen einem als Erstes natürlich jene Frauen ein, von denen Frauen (Freundinnen, Ehefrauen, Mütter) vermuten, dass Männer sie vor ihnen geheim halten. Das Männergeheimnis, das es letzte Woche bis in die Zeitungen schaffte, hatte sich extrem gut versteckt, bei Männern in der schönen Alpenregion, dortselbst bei den Tirolern und unter ihnen bei den Trägern einer Haplogruppe G, die als eine Signatur in der DNA des Y-Chromosoms beschrieben wird und etwas über die Abstammung aussagt. Okay. So weit, so klar? Das Geheimnis lautet, dass der Mann – im Subtypus G-L497 –, nicht nur in der Tiroler Region, von Einwanderern abstammt, und zwar von solchen, die von weit her kommen, aus Asien, vermutlich Indien, Pakistan, Afghanistan. Sozusagen ein lautloses Sicheinschleichen unter die alpinen Eingeborenen. Nach Tirol!

Das ist interessant. Erstens: Hätte vor Tausenden Jahren ein Herr Seehofer Gelegenheit gehabt, eine Maut einzuführen, gäbe es in den europäischen Alpen womöglich kaum Männer (bis eben auf den Seehofer-Typus-Mann – arme Alpenanwohnerin!). Zweitens: Nicht ausgeschlossen ist, dass sich auch »der Deutsche«, der etwa Seehofer heißt, fragen muss, ob er selber »der Ausländer« ist, bei dem er eine Maut eintreiben möchte, wenn der etwa den Brenner oder die Maximilianstraße passiert. In Tirol ist jedenfalls jeder neunte Mann von anderswo her. In anderen Alpenregionen sollen bis zu 40 Prozent der Männer ausländisch sein. Auch Ötzi? Der Haider? Hatte der nicht Schlitzaugen?

Neben ungeklärten Fragen entfalten sich nun auch interessante Erklärungen für bislang Unverständliches. Vor Ort ergibt sich etwa folgendes Bild: Der europäische Wanderweg E5 erschließt die Region. Ich habe mir das angeschaut. Vom Ötztal kommend, keucht man über das Timmelsjoch (2474 Meter) und blickt dann in das Passeiertal, das braunrot schimmert wie – genau, wie die Hänge am Khyberpass (1070 Meter), wo sich in den letzten Jahren viele unserer sogenannten deutschen Jungs, und gleich in Bataillonsstärke, wiederfanden. »Was tun

52

wir hier?«, fragten sich diese jungen Soldaten und uns, wenn ihnen einer ein Mikrofon unter die Nase hielt. Nun, die Antwort könnte lauten: Ihre Generäle waren dem Ruf ihrer Gene gefolgt, Tausende von Jahren zurück, bis eben an den Khyberpass!

Folgt man heute dem E5 über schroffe Gipfel und durch tiefe Täler, sieht man Einsiedlergehöfte in Höhenlage, auf denen sich ganze Bauernclans verschanzt haben. Gegen wen? Da zeigt sich ein für viele Männer so typisches wehrhaftes Gebahren. Eine ständige Abwehr, und nicht nur samstags in obsessiv verfolgten Fußballspielen auf grünem Rasen. Verständlich wird jetzt auch das Gefühl von Purdah, also der strikten Geschlechtertrennung, das einem beim Anblick der in Männlichkeit verschanzten Vorstandsetagen beschleicht, dieser vormoderne Ausschluss von Frauen aus öffentlichen Belangen, jetzt macht es Sinn! Es ist ein archaisches Ritual! Auch die Vorliebe von Management-Herren, ja selbst kleinster Versicherungsteams, für Betriebsausflüge zu sich entschleiernden, also halbnackten Salome-Damen in ausländischen Erotiketablissements! Macht jetzt mehr Sinn, wie auch die oft erstaunliche Unfähigkeit von Männern, mal wahrzunehmen, was Frau zu sagen hat, also die stolze Gestik, mit der männliche Intellektuelle auch heute noch verkünden, nie eine Erzählung der Literaturnobelpreisträgerin Alice Munro zur Kenntnis genommen zu haben. Männer! Es ist Zeit, vom Berg herunterzukommen, in die Ebenen der neuen Unübersichtlichkeiten.

NUR NETTES!

Flatternde Nerven, rasender Herzschlag, Schweißaus-
brüche, Brüllattacken – dafür, dass Männer das ratio-
nale Geschlecht sind, ist manchmal ganz schön was los.
Jeder kennt es. Man schlendert in ein Büro, sagt etwas
Inkriminierendes wie »übrigens« oder »tja«, schon:
Kläff, kläff, kläff! Dafür muss man Verständnis haben.
So viel an männlicher Gefühlsregung muss im Alltag
ja an die Kandare, nicht jeder spielt nach Feierabend
Fußball und kann impulshaft gegen Knöchel treten,
sich am Boden wälzen wie ein Fünfjähriger, dessen Play-
station klemmt, dazu brüllen, mit den Armen rudern wie
ein außer Kontrolle geratener Offshore-Windpark –
außerhalb vom Platz wirkt so etwas leicht hysterisch,
also weiblich. Es sei denn, der Mann ist am Netz.

Das Internet hat sich als emotionale Gummizelle
für Männer bewährt. Neulich berichtete die Kollegin einer großen deutschen Zeitung, dass sie in ihrem Blog etwas über Surfbretter geschrieben und in diesem Kontext
Männer erwähnt hatte; okay, in einer Tonlage, die wohl
nicht vollendet submissiv war – Tausende von Männern
drohten ihr mit körperlichen Strafmaßnahmen, die man
sonst nur aus Amnesty-International-Berichten kennt,
etwa über Folterungen im Kongo. Auch diese Kolumne,
die doch um Verständnis für Männer ringt, wird im
Netz gelegentlich blindwütig unter Beschuss genommen,

von Männern, denen es schon die Tränen der Empörung in die Augen treibt, wenn eine Frau ungebeten das Wort »Mann« in den Mund nimmt. Solche Typen nennen sich gern »R4mbo« oder »Metall-Hahn«. Einer postete, meine Kolumne über Männer sei noch bescheuerter als das Blog von Sibylle Berg. Man soll sich ja nicht verteidigen. Ein Vergleich mit der unvergleichlichen Sibylle Berg – ist das nicht zu viel der Ehre? Es wurde auch angemerkt, typischerweise von weiblicher Seite, von einem »Rosemariechen«, mein Lippenstift auf dem Autorenfoto von *Zeit Online* sei – »bäh«.

Das ist eine Bemerkung, die nun wirklich Fragen aufwirft. Was könnte bei Rot wohl »bäh« sein? Um das Ganze ein wenig zu versachlichen – wollen Männer nicht immer sachlich sein? –, vielleicht sollten die Rot-Sensitiven das einmal direkt mit der entsprechenden Firma klären. Bei dem beanstandeten Rot handelt es sich um Rouge Allure von Chanel, Nr. 75, »Amusing«. (An alle Rot-Seher: Vorsicht! Dieser Herbst wurde zur Kirschrot-Saison erklärt.) Wer sich beschweren möchte: Besonders rot scheint mir Rouge Pur Couture No. 19 von Yves Saint Laurent zu sein, dann die Rot-Palette von Dior, natürlich der neue Essie-Nagellack »Rubis Profond«, leider ausverkauft.

Man soll aber keinen Gin ins Feuer gießen, wie Queen Elizabeth, die alte Diplomatin, twittern würde. Ich habe mir jetzt mal vorgenommen, drei Dinge über Männer zu sagen, die ausschließlich nett und lobend sind. Los geht's.

Erstens: Es fällt mir immer angenehm auf, dass ich

keinen Mann kenne, der so blöd wäre, seinen Unterarm im spitzen Winkel abzuspreizen, um ihn als Werbehaken für eine teure Handtasche zu missbrauchen. Nie! Ich habe das schon mal erwähnt? Dass Männer ihre Taschen einfach am Henkel packen? Man kann das nicht oft genug lobend erwähnen!

Zweitens: Wirklich noch nie habe ich einen Mann erwischt, der etwa in der S-Bahn oder der U-Bahn oder einem Café auf ein Kind einredet, wie Mütter es so oft und eindringlich tun, dass man sie erdrosseln möchte: dieses »Schatzilein, möchtest du ein Kekslein?«. Dieses hochgetunte Megafonsäuseln, »Elias, nein, nicht gegen das Knie der Tante treten!«, das alle Erwachsenenkonversationen Überzwitschernde, dieses jede Art von Lektüre und Nachsinnen verunmöglichende vokale Gespreize: »Süße, schläfst du schon, oder willst du den Schnulli?«

Warum nur?! Weil die deutsche Mutter sich bemüßigt fühlt, der ganzen Welt mitzuteilen, wie sie sich gerade aufopfert. Für Kinder mit Hörschäden! Dagegen kann man einwenden, dass immer noch zu wenig Väter ihren Vaterjob machen, die Antwort wäre: Wenn es denn Männer von diesem nervenzerfetzenden oberpeinlichen Elterngedröhne abhält, ist es das vielleicht wert?

Drittens: Hups, was war es noch? Männer! Nicht traurig sein. Später, versprochen, es wird mir schon noch einfallen!

HELDEN
IN DER
JOSEF-ROLLE

Ich war an dem Versprechen gescheitert, »drei Dinge über Männer zu sagen, die ausschließlich nett und lobend sind«. Das Versprechen hatte sich als zu groß erwiesen. Was war noch mal Nr. 3? Ah ja, hier: Männer können so großzügig und gewährend sein. Es ist raus und gesagt. Frauen, heult doch. Und dann gebt zu, es stimmt! Der Pokal für das netteste Geschlecht geht an die Herren!

Warum? Hätte man je einen Mann gesehen, der einen mit diesem Nadelblick beäugt: »Was hat die schon wieder an? Kann die das überhaupt tragen?« Nö. Keinerlei »Aber ich bin doch die Klassenbeste«-Gehabe, mit dem Frauen sich untereinander gern das Leben kompliziert machen.

Von Männerseite her – so oft ein ruhiges Entgegennehmen selbst der albernsten Extravaganzen. Allerhöchstens mal ein Kompliment über die Abstimmung des Nagellacks (Soft Chinchilla) zum Kaschmirpulli (hellgrau). Nur damit man nicht denkt, sie seien farbenblind. Kaum etwas Anzügliches, bewahre, wir sind ja nicht mehr in den wilden Sechzigern (leider auch nicht in Frankreich, wo der Kellner, wenn er die Rechnung auf den Tisch schiebt, nachflüstert: »Vous êtes ravissante,

Madame«). Es kann heutzutage natürlich passieren, dass die männliche Fähigkeit zum Kompliment kollabiert, wenn ein weibliches Gegenüber, wie einer mal formulierte, als »leider alte Schachtel über 35« in Erscheinung tritt. Und doch: Männer können die Dinge oft angenehm verschlichten.

Das lässt sich schon im Kleinkindalter beobachten. Wie spielen Jungen? Kurze Absprache über die Waffen – an die Arbeit. Gerne wortlos. Höchstens: Pengpengpeng! Aber die Mädels – sagt die eine: »Du, du gehst dann da jetzt mal rüber, und dann sagst du Plapperplapper, und dann sag ich Diddeldaddeldu, dann musst du dich hierhin setzen, und ich gehe ...« Et cetera et cetera. Ein ewiges Herumkommandieren, Anweisen, Ermahnen. Neulich, im Newport, konnte man sehen, wie sich beides später zusammenfügt. Ein Paar, mit ihrer Freundin. Drei Cappuccini. Unzählige »Und dann sagte ich« und »Da hat sie gesagt« und »Darauf habe ich ihm mal klargemacht ...«. Er – im Stand-by-Modus; blickte freundlich – auf was eigentlich? Wie ertrug er es, dass dem Kellner mehr Aufmerksamkeit geschenkt wurde als ihm? »Noch zwei Cappuccini!«, flöteten die Ladys. Kein Versuch, sich der Ignorierung, ja, dem Vergessen entgegenzuwerfen.

Man könnte es, passend zum Jahresende, die Josef-Rolle nennen. Es ist die Kehrseite der oben schon beschriebenen Neigung zur Großzügigkeit. In Reinform kann man das während der samstäglichen Einkaufsorgie beobachten. Männer! Macht doch bitte mal die Augen auf. Seht das Paar, hinten in der Damenabteilung, bei den Hosen. Er steht demütig, wie eine indische Ehefrau, einen halben Schritt hinter ihr. Sie reißt mal hier, mal dort etwas von der Stange, hält es forsch nach hinten, ohne sich auch nur umzuwenden. Er murmelt. Ob zustimmend oder abratend – oh, das ist sicher eine gefährliche Entscheidung. Andererseits: Hört sie ihm überhaupt zu?

Bei Unger finden sich mittig in der Damenabteilung riesige Sessel, man nennt es die Männerinsel, darauf haben Männer Platz genommen und halten ihre Zeitungen hoch, als hätten sie Nachsitzen im Buchstabierenlernen. Bei Stuart Weitzman lehnt ein Typ an der Wand und beäugt den Übergang von Decke zur Wand, als sei der architektonisch noch gewagter als die Absätze der Pumps, die seiner Frau spitze Schreie entlocken. Nun, wenigstens muss er nicht Wuffi hüten, wie man es vor vielen Umkleidekabinen sieht: ein Typ, der mutlos die Leine hält und angeblafft wird, wenn Wuffi an den Damen rumschnüffelt.

Unvergesslich ist mir einer, der neulich in Camouflage-Höschen vor einer Parfümerie rumstand. Man geht rein, erkundigt sich, ob der neue Essie-Nagellack Rubys Profond eingetroffen ist, sucht dieses, sieht jenes, testet dies und das, kommt dann nach einer halben Stunde wieder raus – und unser Held steht immer noch da. Abgestellt. Vielleicht: vergessen? Also: Ich würde mir das nicht gefallen lassen. Aber ich bin auch kein Mann.

HEINRICH
UND ANDERE

Die Männerkohorte in unserem Dorf war übersichtlich. Papa und andere. Handwerker, viele Bauern. Die meisten hießen Heinrich. Sehr wenige hatten keine Frau. Das differenzierte sich aus in den Jahren. Männer kommen heute vor in den Sortierungen klein und dünn und knochig oder lang, haarig oder albern, dumm, dreist, hochgebildet, manchmal verbildet, sie müffeln oder duften köstlich, sind ängstlich, picklig, scharf drauf oder gar nicht, gelegentlich charmant usw. usw. Also dass es jetzt mal wieder solche Aufregung erregt, dass Männer, in Fußballvereinen, auch schwul sein können, ja nun. Böse Nachricht für Frauen, oder? Allerhöchstens. Sagen wir, für nicht lesbische Frauen. Aber was erregt Männer, die nicht auf Männer stehen, so wahnsinnig an dieser Nachricht?

Männerfußball zeigt, gut ausgeleuchtet, muskulöse Typen in Action. Ginge es um Fußball, könnte man ja Frauenfußball gucken. Ich fand es immer nett, dass Männer beim Fußball so unverstellt ihre Begeisterung für Männer zeigen. Auf dem Platz das absichtsvolle Gerempel, dieses lustige Gezerre an der Wäsche, das haltlose Aufeinanderzustürmen und Umarmen, Wuscheln von Haaren, das wilde Bespringen mit gespreizten Beinen, und zwar körpermittig, das wir auch aus dem indischen

Kamasutra kennen – nennen wir es libidinöse Akrobatik. Wer wollte, konnte schon immer mal darüber nachdenken, warum sich Männer damit, so offensichtlich lustvoll, so offen ausstellen, auf dem Platz, vor Abertausenden; und diese Fans sich das auch so gerne reinziehen, auf der Tribüne oder vor der Glotze. Jeden Samstag. Und Sonntag! Mit Singen, Grölen, Jubeln.

Männer können Männer gut leiden, darauf läuft es hinaus. Na und? Männer lieben es, miteinander zu sein, nicht nur im Büro, auch am Wochenende. In meinem Heimatdorf saßen Männer von Frauen getrennt sogar in der Kirche. Bei Beerdigungen gingen sie in einem eigenen schwarzen Block. Beim anschließenden Butterkuchenessen hatten sie ihr eigenes Zimmer. So wie der Vorstand der Deutschen Bank. Wie viele Schwule da sitzen? Weiß man es? Oder bei der Feuerwehr?

Solche Fragen mögen jetzt natürlich, wo sich immer mehr Schwule outen, aufploppen. Überall dort, wo Männer so gern beieinander sind. Auch andere Sportarten als der Fußball werden mit neuen Augen betrachtet werden. Mannschaftsbob etwa, dieses warme Gekuschel in der Wanne, die durch die eisige Röhre rast. Irgendwann wird die Debatte den Eiskunstlauf kalt erwischen. Ich sage nur: Doppelter Rittmeister! Man könnte beim Eiskunstlauf mal an schwulen oder natürlich auch lesbischen Paarlauf denken. Wie werden die Hebefiguren wirken? Auf wen? Also, ich habe mal ein WM-Eröffnungsspiel in einem Schwulenlokal geguckt. Es gab Bier aus der Flasche zu hoher Sahnetorte und viele, viele Kommentare, die sehr lustig waren. Selbst die Trainer brauchten sich nicht missachtet zu fühlen, so viele Scherze, bis hin zum Müsterchen der Krawatte. Das fand ich schön, weil Männer sonst doch gerne so tun, als sähen sie so was gar nicht.

Wie wird sich also die neue Offenheit in Zukunft auf das Design der Trikots auswirken? Denken wir an die katholische Kirche, wo sich traditionell so viele Schwule finden – offensichtlich völlig männerrollenbefreit, bis hin zu kirschroten Samtslippern für Papa in Rom und den wadenlangen handgeklöppelten Spitzen an jedem Kardinal. Die Schönsten aller Schwulen bleiben natürlich immer die Glitterqueens von Downtown New York, Lametta von oben bis unten, Glitter bis zwischen die lackierten Zehennägel! Sie lebten wild und gefährlich, die meisten sind deshalb leider längst tot. Wir sollten also nicht nostalgisch werden; oder zu hohe Ansprüche an Outings stellen. Dass Schwule gleich die besseren Männer sein müssen, mehr von Ästhetik verstehen als Frauen, jetzt, wie mir zugeflüstert wird, auch noch die besseren Ehemänner sein sollen – also, selbst wenn Schwule sich mit Buben verlustieren, muss ja gleich Platon herhalten, paiderastia und eromenos und pipapo und die griechische Hochkultur der Antike. Letzteres ist Pädophilie und das andere residuales Alphatier-Gehabe und kann getrost vergessen werden. Einfach mal locker bleiben. Männer! Das Leben ist vielfältig, nicht nur auf dem Platz.

REUE?
KLARO.
WIE?

Immer diese Bilder. Bilder, die schöne Gesten zeigen, Gesten der Ruhe, der Macht, der Souveränität. André mit Bier, daneben sein Wowereit mit Bier. Gut gelaunte Buben, mit Bauch. Ex-Porsche-Chef Wiedeking, Arme wie zum Segen erhoben, Handflächen zum Volk der Cayenne-Fahrer ausgerichtet, nur Ruhe, Boys, sagen sie, hab ich unter Kontrolle. Man erinnert sich an Josef Ackermann im Victory-Modus, die hochgereckte Hand mit den dicken gespreizten Fingern. Fast schon vergessen: Obamas elegante, winzige Kopfbewegung, als er neulich in seiner Rede zur Nation die Abhörexzesse bei den Freunden, nun ja, erwähnte. Putins Äuglein, vielleicht einen Hauch stechender als sonst, als er zum Überfall auf – hm, welches Land? – befragt wurde. In den Haaren von Guttenberg damals das Glitzern, zum Gelen war wohl noch Zeit gewesen. Wie sehen die Bilder von Männern aus, mediale Repräsentationen von denen, die sich verhaspelt haben, in ihrem Leben, den politischen Strategien, der Karriere, die gerade in irgendwas, irgendwo bitter scheitern – nun, irgendwie, nun ja, normal. Wie Männer halt aussehen, nachher wie vorher. Haspelt einer? Zucken die Lippen? Glitzert etwas, was nicht Gel ist? Eine Träne? Fließt Reue? Nö.

Das Verhältnis vom Mann zum Scheitern ist bewundernswert. Aus weiblicher Perspektive muss man neidlos sagen, dass Männer da ein anderes Kaliber sind als Frauen. Frauen kämpfen sich durch Krisen mit hektischen Gesichtsmuskeln, Stimmbandverklebung, Lippen, die wie eine ultraschallfähige Zahnbürste bibbern, dazu einknickende Knie bis zum Wegsacken. Oft zu einem Zeitpunkt, an dem von einem Scheitern noch nicht ansatzweise die Rede sein kann, sozusagen prophylaktisch. Sie machen vorsorglich Yoga-Atemübungen, trinken vor einer befürchteten Panik-Attacke Wasser in kleinen Schlucken, hoffen, dass es sich nicht als Tränenfluss wieder Bahn bricht oder sie in einer heiklen Situation auch noch aufs Klo müssen. Es ist sogar ein grün grundierendes Make-up entwickelt worden, nur für Frauen, also für Frauen in Stress-Situationen, um diese gefürchteten roten Flecken zu vertuschen, die sich in Sekundenschnelle von der Stirn über Wangen und Hals bis unter die Unterwäsche vorarbeiten können. Wenn alles nichts hilft – hektische Vorwärtsattacke, siehe Alice Schwarzer, oder ein Einzelzimmer in der Klinik, Madame Trierweiler hat es in Anspruch genommen, als sie ihren François Hollande hergeben musste, an die nächste Blondine, diesen Biedermann, den sie ihrerseits der Mutter seiner vier Kinder entsteißt hatte.

Woran liegt es? Wenn es die Hormone wären, wären vermutlich viele Frauen zu Testosteron-Spritzen bereit. Aber sind es Hormone? Barbara Vinken hat in ihrem Werk *Angezogen* argumentiert, dass der Mann mit seinem seit 100 Jahren unerschütterlich gleichen, knallhart geschnittenen Anzug die Moderne verkörpere. Hinzuzufügen wäre: Darunter sitzt jedenfalls ein Dessous aus Zuversicht, ein quasi in die Haut eingezogenes Stützkorsett. Es hält aufrecht in der Krise, ja verankert in einem Moment ewiger Gegenwart, welcher dem moralistischen Sperrmüll der Vergangenheit entrungen wurde und keine Zukunft kennt, die nicht Chance wäre. Börsencrash? Gerade wenn die Kurse am Boden liegen – super Timing für ein Re-Investment! Und alle Aktienkurse flackern HOOCH! Wurde nicht Guttenberg gerade wieder gesichtet, der Glitzernde, mit frisch aufgetragenem Lack? Ist nicht Strauss-Kahn erneut unterwegs, den sie Paris-intern »das Tier« nannten wegen seiner raubtierhaften, wenig zimperlichen Sexualität, in seiner britzelnden Aura von Gefahr, die sich in den Beraterverträgen vermutlich als fette Risikozulage niederschlägt?

Es gibt immer Dünnlippige. Sie verweisen darauf, dass der große Sozialphilosoph Thomas Morus – und zwar zu Zeiten, als seine Karriere auf dem Zenit war – als Kanzler von Heinrich VIII. unter seinem Gewand auch ein Dessous trug, und zwar ein ziegenhärenes, juckendes Büßerhemd (Cilicium); als bis zum Wahnsinn schmerzende Erinnerung an die eigene Sündhaftigkeit! Nur dies: 1. Cilicium ist eine Lausbrutstätte und unzweckmäßig. 2. Noch nicht mal Opus Dei rät heute noch zu so was Kratzigem.

Männer! Eure Frage ist vermutlich: Welche Dessous tragen Frauen, die ihrerseits knallhart Anzug tragen: Merkel, Lagarde, von der Leyen? Aber das gehört natürlich nicht in ein Buch über Männer.

FUCHS
VOR GÄNSEN

Man soll im Jetzt verweilen. Achtsamkeit!, mahnt der
Buddha. Aber manchmal klebt man im Gestern fest,
weil da ein Bild auf der Retina haftet, das einfach da ist,
morgen auch noch da sein wird, ein Bild, das nicht
weicht. Mein Bild der letzten Woche ist Putin, wie er sich
in diesem herrlichen Palast in ein Goldsesselchen fläzt.

Haut sich rein, die Beine gespreizt, dass man zeit-
gleich um das feine, über den Oberschenkeln gespannte
Tuch des Anzugs und die zierlichen Armlehnen fürchtet.
Männer! Was will er uns sagen mit dieser pubertären Ver-
kantung der Füße, der rotzigen Lümmelhaltung? Die sagt
natürlich, was jeder russische Bauer kapiert, sie sagt: Brü-
derchen, früher mögen hier Zaren zu Hause gewesen sein,
jetzt aber wohnen hier Kerle wie ich. Es ist eine Ganz-
körpermachtgestik. Passend dazu: Gesicht als Maske.
Make-up käsig. Nicht zu vergessen die Fuchsäuglein, welche die Journalisten fokussieren, die wie eine Gänseschar
von bibbernden Romanows vor ihm zusammengetrieben
sind, auf dem Podestlein, vor dem der goldene Stuhl
steht, ein wenig niedriger, aber was macht das, das macht
gar nichts, so wie der dasitzt – als Herr der Lage.

Der Anblick spiegelt die Bilder von der Krim. Hier
der feine Anzug, dort das Unterfutter, in Camouflage.
Über dem Gesicht tragen auch diese Typen Maske,

anders als bei Putin ist sie nicht aus Haut, sondern aus schwarzer Wolle. Beide Bilder gehören zusammen. Nicht nur im Kreml, auch am Schwarzen Meer muss man sich fragen, was unter der Maske steckt: ein Aggressor? Beschützer? Spieler? Einer, der nur spielen will? Würden die Leute, die sich neben diesen Masken in Position bringen, um ein Selfie herzustellen, nicht in ihre Handys glotzen, sondern auch mal über die Schulter, was würden sie sehen? Wie undeutbar Augen sind, ohne Gesicht; weshalb im Westen die orientalische Frau so gefürchtet ist, ja wer weiß denn, was das für Augen sind, die durch den Schlitz gucken, Frauenaugen oder Männeraugen, wer kann das auseinanderhalten, auf der Krim oder am amerikanischen Checkpoint in Afghanistan.

Auf diese Weise entsteht also eine Gender-Vagheit, wie übrigens auch, wenn sich Männlichkeit so exzessiv ausstellt, wie Putin es gern tut, seine Muskeln spielen lässt, als wäre ihm jeder Anzug zu eng, weshalb man ihn oft halb nackt sieht, was schwul wirkt, weshalb er hier wiederum, auf diesem Goldsessel, die Schenkel spreizt, als Ausrufezeichen.

Das männliche Geschlechtsteil ist machtvoll konnotiert – als Knarre, Prügel, Stecken. Und doch, auch hier – Uneindeutigkeit. Die kanadische Autorin Margaret Atwood etwa schickt in ihrem neuen Buch *Die Geschichte von Zeb* Schimären mit frei schwingendem blauen Pimmel in die Welt, diese Wesen wirken wie verspielte Welpen. Eindeutigere männliche Gesten sind das Einziehen des Halses in den Anzug, was eine rammbockige Wuchtigkeit herstellt, nicht nur bei Putin, sondern auch im deutschen Bundestag. Geistige Macht? Zeigt sich eher im Raffinement des Zusammenspiels von Kopf und Hand wie auf den herrlichen Porträts des Fotografen Fred Stein. André Malraux: Kopf auf den Spitzen von Zeige- und Mittelfinger der rechten Hand abgelegt (mit eingeklemmter Zigarette). Alfred Döblin: Kopf auf gespreizten Fingern der Linken (ohne Zigarette). Arthur Köstler: Stirn in Hand gebettet. Usw. Die Idee ist, dass des Mannes Ideen so schwer wiegen, dass sein Kopf, angefüllt mit Genie, kaum hochzuhalten ist.

Anders übrigens die Intellektuellen im englischen Oxbridge. Der Ideenstau im intellektuellen Mann zeigt sich hier etwa darin, dass die Stirnhaut schuppig ist, das Haar fieselig, der ganze Habitus weltverloren bis zu gelben Zehennägeln, die sich aus der Sandale krümmen wie geröstete Adlerkrallen. Okay, das ist noch keine Einladung für Girlies. Girlies sind in diesen Tableaus nicht vorgesehen. Sie sind trist und bald ja auch, Brexit hat auch gute Seiten, für uns unsichtbar.

GUT
IN FÖRMCHEN

Zu Ostern backe ich gern Kekse, Hasenkekse, wir nennen sie interfamiliär Bunnys. Die Kekse haben Puschelohren, hinten süße Schwubbelschwänzchen. Nach der Peniskuchenaffäre geht so viel Unschuld natürlich kaum noch. Die Online-Presse sirrt nur so mit hämischen Berichten über ein Formküchlein, das den NPD-Generalsekretär Peter Marx zu Fall brachte. Fotos zeigen einen kross gebackenen Rührteig, der sich offenbar astrein aus der Form gelöst hatte, einen länglichen Gegenstand mit kleiner Falz, der am einen Ende zwei Rundungen aufweist, am anderen eine weiche Spitze.

Puderzucker, flackernde Kerzelein – die Szene hatte den Anschein einer perfekten Kindergartengeburtstagsüberraschung. Wäre da nicht diese Hand, die den Teller der Kamera entgegenhält – man sieht auffällig lange Krallen mit auffällig buntem Nagellack, verziert in den Farben Schwarz-Rot, dazu passend die weißgoldene Mähne, die zwar am Bildrand verschwindet, das Image aber perfekt, sozusagen national, abrundet. Es handelt sich jedenfalls nicht um einen Kindergartengeburtstag – auffälliger Nagellack wird im deutschen Kindergarten ja so was von gar nicht geduldet. Mit Schrecken erinnere ich mich daran, vom Kind flehentlich gebeten worden zu sein, den roten!!! Lippenstift bitte!!! abzuwischen – »weil andere Muttis auch immer keinen tragen«!

Der Peniskuchen jedenfalls war ein Geschenk für Peter Marx, der Ort eine Kneipe in Saarbrücken. Ein schwarz-rot-goldenes Mädchenwunder war, so weitere Fotos, gelegentlich auch auf Marx' Knie platziert – es handelte sich um die ehemalige Pornodarstellerin Kitty Blair. Mit amtlichem Namen heißt Kitty Blair übrigens Ina Groll, und ihre Facebook-Seite ziert ein Meeresbild, auf dem die Wogen in perfekter Dünung herandonnern, dazu der Schriftzug: »Asylflut stoppen!« (2587 »Gefällt mir«). Man findet auch Fotos, welche die weißblonde Kitty zeigen, wie sie in Kooperation mit einer dunkel gewandeten Schwarzhaarigen einen Typen im Latex-outfit, komplett bis zur Schlitzaugenmaske, in einem Käfig verstaut.

Männer! Das Leben ist ungerecht. Es hält nicht für jeden das perfekte Förmchen bereit. Der nun ehemalige NPD-Vorsitzende Marx zum Beispiel kann froh sein, nicht als Frau geboren zu sein, dann hätte er Ina Groll nicht auf dem Knie, sondern als Konkurrentin im Nacken gehabt, ja wie das ausgegangen wäre? Hier die zarte, kajalaugenbetonte Grufti-Lady mit ihrer sehr weißen Haut, dem sehr seidigen Blondhaar und den herrlichen Tattoos, die über die Brüste in den Ausschnitt hinein-fluten – dort dieser massige Körper mit dem Hänge-backengesicht, in dem eine randlose Brille klemmt, dazu der Wulstnacken, die flappigen Ohren, die fusselige Glatze? Na? Genau! Der Mann Marx würde zur Frau nicht taugen.

Marx trägt auf seinen Geburtstagsfotos übrigens einen dunklen Pulli mit weißem Hemdkragen, was ein etablierter Signifikant für die messdienerhafte Unschuldsvermutung ist. Auch Rebekah Brooks, einst Chefredakteurin des Revolverblattes *News of the World*, trug ein braves Krägelchen in Weiß, als sie vor Gericht zum Hacking von Smartphones befragt wurde, was doch so viele saftige Schlagzeilen brachte. Eine Tarnung natürlich. Marx gilt als haltloser Strippenzieher, was einen mal wieder daran erinnert, dass es vom Strippenzieher zum Striptease nie weit ist. Man denke an Max Mosely, britischer Ex-Motorsportboss, und seine Sexpartys mit den Pornomädels im NS-Look.

Was bleibt, ist Erstaunen. In der rechten Szene findet man mittlerweile mühselig zur alten Contenance, im Stile der alltagsüblichen PR-Skandale wie: »Jobcenter muss Luxusreise zur ausländischen Ex-Liebschaft finanzieren.«

Wir fassen zusammen:

1. Kitty Ina Groll fiel bei der NPD nicht in Ungnade, weil sie sich geschmackloserweise mit einem alten Sack vergnügt hatte, sondern weil sie es mit einem vermutlich bodygestylten Schwarzen trieb, wie die früheren Aufnahmen verrieten (»mit Fremdrassigen vor laufender Kamera kopuliert«, kommentierten einschlägige Websites).

2. Ein Marx bei der NPD – hallo, wie blöd kann man sein?

3. Über Tattoos müssen wir auch noch mal reden.

GROSSE UND
ANDERE TIERE

Warum? Warum nur gerät die Welt in einen Bewunde-
rungstaumel angesichts eines abgenagten Oberschenkel-
knochens in der Farbschattierung Perlmuttrosa? Gigan-
tisch! Monströs! Sagenhaft! Das waren letzte Woche
noch die zartesten Adjektive beim Anblick des länglichen Knochenstücks aus dem Skelett eines vorsintflutli-
chen Tieres aus der Familie der Sauropodomorpha, Un-
tergruppe südamerikanische Echsenbeckendinosaurier,
mit den ausgewachsenen Maßen: 20-40-77 (Höhe / Län-
ge in Metern, Gewicht in Tonnen). Vegetarier übrigens,
von wegen ohne Steak geht nix. Worum geht's?

Immer wieder darum: der, die, das Größte sein.
Oder haben. Zumindest bewundern. Oder zeigen. Aus
Hundeperspektive notfalls sichernd verbuddeln, mit
Glück wiederfinden und endlich ganz groß rausbringen.
Es ist zu rührend, wie sich solche Kindereien durch alle
Gattungen und Zeitalter ziehen, hier mal als Dino groß-
flatschig in Erscheinung treten, da als Ritter mit hochge-
zogenem Penispanzer, gern auch als wohnzimmergroßer
Jeep. Männer! Sind ja von Größe besonders leicht zu be-
eindrucken. Immer bemüht, Größe herzustellen. Groß-
raumflugzeug, Großbanken, Großaktionäre, Großoffen-
sive! Großmanöver! Großbaustelle! Großmachtsehn-
sucht, gerade der bartlose Putin. Große Brüderschaft,

jetzt selbst mit kleinen Chinesen. Noch die Begeisterung für XXL-Mammastrukturen gehört ja zu dieser Symptomatik, Frauen jedenfalls hört man oft jammern, wie ihre zu großen Busen ihnen überall dazwischenkommen. Auf jedem Hochzeitsfoto zeigt sich, wie gern der Mann ein wenig größer, also höher, herauskommen will als seine große Flamme.

Größen(sehn)sucht führt leider zu vermutlich in basalen Hirnstrukturen ausgelösten reflexartigen Attacken auf alles, was kleiner erscheint. Drohen, schlucken, kauen! So das Motto für Politiker. Gilt für Inselchen, Länderchen, für die Briten durfte es früher gern auch ein ganzer Kontinent sein, der dann kleingedemütigt wurde: als indischer »Sub«-Kontinent. Das Thema Größe sprengt das Format eines kleinen Kapitels, aber man muss doch darauf hinweisen, dass das Virus Größenwahn nicht nur Menschen befällt. Ein Hundetrainer berichtet in diesen ersten Sonnentagen auf seinem Blog, dass er in den Parkanlagen Hamburgs gerade sein blaues Wunder erlebt, weil ihm eine Freundin ihren Chihuahua zum Gassigehen anvertraut hat. Chihauwas?

Die Rede ist von einer Winzigkeit, die auf Hundeseiten als »wacher kleiner Hund« beschrieben wird. »Klein« heißt, dass das fledermausohrige Wesen sich notfalls in einem Suppenteller parken lässt und jedenfalls so, mit oder ohne Teller, nicht anderen Tieren zum Fraße vorgesetzt werden sollte. Der Kleine werde jeden Tag mindestens drei, vier Mal plattgemacht, ist zu hören, von solchen, die der Trainer als »fette Labis« bezeichnet. Gemeint sind testosteronstrotzende Jagdspaniels, übellaunige Terrier, gemeine Dackel und andere Hunderassen, die eine Laune der Natur hat größer geraten lassen als den Chihuahua und die jetzt an ihm ihre rüden Unterwerfungsrituale üben. Ein Problem, das der Herr jedenfalls nicht kennt, wenn er mit seinen beiden Rottweilern Gassi geht.

Klein sein, groß sein. An diesen Zuständen reizt etwas wie Juckpulver. Ersteres zum Drüberbeugen und noch kleiner machen, Letzteres dazu, sich zu überheben, um noch größer zu erscheinen. Ohne Zweifel folgen den Großen häufig bewundernde Blicke. Muss man erlebt haben, wie so ein Klitschko den Bahnsteig runterkommt und ihm eine Woge der atemlosen, stummen Bewunderung auf den Fersen ist. Andererseits erzählte mal ein kleiner Freund, wie sehr seine Freundin es schätze, beim Liebesspiel ihre Zehen mit den seinen verflechten zu können.

Man will ja nicht als Nanny rüberkommen. Aber ist da nicht, in dieser Größe, die sich überall zwanghaft Opfer sucht, auch etwas sehr Kleines?

BÄRTIGES

Putin hat keinen, Hollande hat keinen, Milchbubi Cameron hat sowieso keinen. Thomas Piketty ist ohne, obwohl er wie der bewaldete Marx einen Bestseller *Kapital* hingelegt hat. Kein Vorstandsheini trägt Bart. Manchmal führt ein Chef einige Tage lang Flaum spazieren, wenn er dem Office signalisieren will, dass er im Urlaub mit dem Tier in sich etwas Bonding betrieben hat, Kuschelwuscheln mit dem struppigen Ich, das in jedem Kerl steckt, dann aber wieder plattgehobelt wird, zur Karriereoberfläche. Die Bundespräsidenten des Landes – allesamt bartlos. Bis auf Schulz. Eben.

Man kann sich durch die Wirtschaftsseiten der Zeitungen blättern, bis die Finger knistern – keine Bärte, höchstens Andeutungen von Haar entlang der Kinnlinie bei Hänflingen auf Anzeigen. Platzhalterbärte. Der Bart hatte, bis Ende der letzten Woche, ein echtes Imageproblem – als talibaniges Gezottel an Typen, die Frauen mit Gummischläuchen schlagen, wenn sie es wagen, ohne Burka das Haus zu verlassen. Da war ein Muff von Komödiantenstadl, etwa wenn in Moskau ultrarechte Orthodoxe in Schauprozessen gegen Regimekritiker antraten, mit Matten wie angeklebtem Moos. Vergebliche Versuche der Brooklyn-Hipster, mit kultiviertem Kurzbart ein neues Wildwestfeuer zu befächern. Und dann also Fräulein Wurst.

Conchita. Keine Eissorte, kein Zitronenpudding-pulver – eine Schönheit von Mann! Ihr Haupthaar umspielt mit zierlichen Locken die Rundungen der Brüste. Wimperngeäst wie Himbeerruten nach der Ernte. Backenbart. Mein Gott, Bart zum Abendkleid!

Conchitas Aufstieg aus dem Laserfeuer lehrt uns Folgendes: Wie hübsch sich doch Diamantengehänge von einem dunklen Bart abheben; wie wenig ein Bart ein Bart ist, sondern ein leerer Signifikant, darunter wabert Bedeutungsödnis, in die sich einritzen lässt, was wir wollen. Der Bart als Testosteron-Demonstration. Der Bart als Kaschierung von Glatzen, die dem Testosteron geschuldet ist. Der Bart als Machtdemonstration. Der Bart als Protest gegen Machthaber. Der Bart als Rückzug in eine Vergangenheit, in der ein Mann noch Mann war. In Zukunft: oder eine Frau. Mit Bart.

Das Haar ist ein unterdiskutierter Bestandteil des Mannes. Das Schweigen der Männer über Männerfragen wird überdröhnt vor einer Endlos-Plapperei über Frauenprobleme. Die Schamhaardiskussion! *Focus* befragt Christine Kaufmann, deren Antwort von Martenstein kommentiert wird, zu dem sich Hörerstimmen im Radio mischen und, natürlich, Emanzen: »Lasst euch euer Fotzenfell wieder wachsen!« Alles wegen eines Wuschels, der sich die längste Zeit des Tages unter der Wäsche bescheiden muss. Man stelle sich vor, Frauen müssten oben, am Gesicht, rumrasieren, täglich, na da wäre was los!

Männer flüstern bislang nur über ihre Haarsituationen. Anonym, im Netz: »Ich bin der Bastian …«

Jammern über Haarausfall, den man unter Schlumpf-Mützen verstecken könnte, aber eben nicht als Angestellter bei der Deutschen Bank. Auch die Glattrasur macht offensichtlich Probleme. Forum Nassrasur: »Ab 2 Tagen hab ich so komisches weißes Zeugs auf der Barthaut, z. B. auch wenn ich mal über den Bart reibe, tut sich komisches weißes Zeugs (Hautzeugs) ab, das ist mir total unangenehm …« Was hilft? »Loschänn!«, rät einer. Ein Bart kann, mit etwas Glück, Unebenheiten zuwuchern, das ergibt neue Fragen. Wie aber dann das Gesicht waschen – mit Shampoo? Seife? Danach Weichspüler? Für harte Männer?

Lovely Conchita hat all diesen alten Fragen einen neuen Spin verpasst, ohne das Poetry-Slam-Geschluchze von Patrick Salmen über den Bart als »Zuflucht für die Hände, wenn sie nicht wissen, wohin« (YouTube! 1 Mio. Clicks!). Jetzt ist da Musik drin. Männer! Lasst nicht zu, dass Frauen sich das Thema schon wieder unter die Krallen reißen.

PRAKTISCHE
ERWÄGUNGEN

Letzte Woche habe ich einen interessanten Typen kennengelernt – stieg aus seinem Kleinlaster, zeigte pralle, braun gebrannte Waden, die aus wuchtigen Arbeitsschuhen ragten. Schwarzes Haar, kurz und glatt frisiert wie das Fell eines Labradors, dazu die Sonnenbrille, randlos spiegelnd. »Was gibt's?«, rief er so forsch, dass es mir die Sprache verschlug und ich nur stumm auf den Giebel des Daches zeigen konnte, aus dem das Hinterteil meines Lieblingshuhns herausragte. Deutscher Sperber.

Das Sperberhuhn mit seinem schwarz-weiß getupften Federkleid wurde erstmalig 1903 in Duisburg ausgestellt, Legeleistung maximal 230 (!) Eier pro Jahr, bekam aber trotzdem im Jahre 2012 den Titel »gefährdete Nutztierrasse des Jahres« verpasst, was der Marder, der unter meinem Dach nistet, wohl nicht mitbekommen hatte. Vielleicht weil er sich auf die hochgelobte Fleischleistung des Sperbers konzentrierte, als er sich unser Huhn schnappte, um dann zu merken, dass eine Henne von etwa zwei Kilo nicht durch ein schlankes Marderloch passt. Dort also klemmte sie nun fest, umschwirrt von Fliegen. Kein hübscher Anblick; was zum Auftritt von Herrn M., dem Dachdecker, führte. Zackzackzack hatte er seine lange Leiter aufs Dach hochgeschlagen, wumms und rumms lag das Huhn, kopflos, wie sich nun zeigte, unten im Hof. Noch während Herr M. mit flinken Fingern das Dach flickte, prasselten gute Ratschläge auf mich herunter: In Zeitung einschlagen! Plastiktüte drüber! Ab in die Mülltonne!

Männer können so praktisch sein. Am letzten Sonntag fand ich Christas Mann unter der duftenden Rambler-Rose »Bobby James« auf den Knien liegend, vor dem Fahrrad seiner Frau. Das leidige Kettenproblem! Heikes Mann wühlte sich den geschlagenen Nachmittag lang bis unter den Stumpen eines unsachgemäß gefällten Baumes, Jan steckte, bei bestem Junisonnenschein, im Keller. Es ist eine nicht genügend erwähnte Tatsache, dass das Leben der meisten Frauen ohne Männer gar nicht zu bewältigen wäre. Jajaja, alle CEO-Posten sind von Typen besetzt, jammerjammerjammer. Aber wichtig ist auch auf'm Platz, um mal eine WM-taugliche Formulierung zu bemühen: Wer bricht das Schloss auf, wenn jemand mal wieder den Schlüssel zu meinem Postkasten versust hat? Horst! Wer repariert das Kinderbett, wenn die Beine ab sind? Horst! Wer transportiert das alte Sofa ab? Aller guten Dinge sind drei! Wenn die Heizung aussetzt, kommt Herr K., wenn das Licht im Bad zu reparieren ist, Herr W. Die lecke Toilette – gehört in den Zuständigkeitsbereich von Herrn W. Die Bankanlagen berät Herr H., die Solaranlage Herr G. Ich fände es auch sehr schön, wenn es mehr Handwerkerinnen gäbe, Tatsache ist aber: Wenn die von mir überpinselte Badezimmertür nach drei Tagen noch immer klebt, rufe ich Manfred an, wen sonst?

So leben wir praktisch, im wahren Sinne des Wortes, und nicht immer ganz schlecht in einer totalen Männerwelt, in der so viel über die Hausfrauenverdienste gesäuselt wird, dass ganz aus dem Blick gerät, welchen Nutzwert der Mann hat. Um das Thema Huhn noch mal zu bemühen – es ist ein häufig reportiertes Unglück, dass es für Hähnchen zu wenige Tätigkeiten gibt, die so nützlich sind wie das hennenhafte Eierlegen; weshalb kleinste Hähnchen massengemeuchelt werden. Millionenfach! Pro Jahr! Pfui!

Männern kann das glücklicherweise nicht passieren. Man schaltet das Fernsehen an und sieht diese Typen, aufmarschierend mit sicherlich ebenfalls sehr strammen Waden unter den Camouflage-Cargohosen, die Knarre im Griff, die Augen blitzen aus schwarzen Masken, als wollten sie sagen: »Was gibt's?«

Ukraine befreien?

Okay!

Bagdad verteidigen?

Consider it done!

Männer! Ich gestehe, manchmal ist das ganz beruhigend.

EIN BISSCHEN AUA

Tack, tack, tack. Mit Herzklopfen erinnert man sich daran, wie der Held über den Rasen taumelt, blutüberströmt, und dann, Sekunden später, frisch verarztet wieder ins Spiel hinauszieht. Bastis Füße hätten gezappelt wie kleine Fische, als die Wunde am Jochbein getackert wurde, hört man. O süßer Schweini! Sollte angeblich keine Narbe kriegen – weshalb der Riss unter dem Auge nach dem Foul von Agüero (109. Minute) nicht getapt, sondern verhakelt wurde. Hallo, Herr Doktor Müller-Wohlfahrt, wie blöd kann man sein?

Ich würde von einem Ärztefoul sprechen. Stelle mir jetzt vor, wie Schweinsteiger sich nachts an Sarah vorbei ins Bad schleicht und vor dem Spiegel an der Kruste pult, um die Narbenbildung anzuregen, ein Verfahren, vor dem ihn sicher seine Mutter wie unserer aller Mütter oft gewarnt haben. Aber eine Echtnarbe aus Brasilien?! Gibt es ein schöneres Souvenir? Für Männer?! Beckham, go home mit deinem affigen Tattoo, hier ist jemand, dem Damen die Narbe küssen werden. Die Buben werden sie sich auf dem Schulhof mit ihren Schwitzfingern aufs Gesicht malen, dorthin, wo auch der Basti seine Narbe hat, seine Enkel werden darüber unterrichtet werden, wann Opa die Narbe erwarb, in welchem Kampf, gegen welchen Gegner.

Mein Vater hatte auch eine Fußballnarbe. Sie zog

sich am rechten Schienbein hoch, vom Knöchel bis kurz unters Knie, man konnte unter der dünnen Narbenhaut die splittrige Knochenlage sehen. Mein Vater hatte nach dem Foul seine Fußballkarriere beendet. Es wurde zu Hause, als Programm, nicht Fußball geguckt. Fußball war tabu. Das absolute NO GO. Jedenfalls war mein Vater nicht stolz auf die Narbe, zu diesem Thema wurde verbiestert geschwiegen. Es war natürlich die Generation, in der Narben überhaupt unheilvoll wirkten. Onkel Hans hatte über der halben Stirn eine abgesenkte Ebene, darunter konnte man harten Stahl fühlen. Irgendwas mit Panzerabwehr.

Herr G., unser Geschichtslehrer, hatte quer über den Schädel gezackt etwas Wulstiges, Mitbringsel aus Russland, weshalb wir ermahnt wurden, vom Geschichtsunterricht nicht allzu viel zu erwarten. Wir erwarteten sowieso nicht viel. Der Geschichtsunterricht führte unweigerlich bis zu den Punischen Kriegen (bellum punicum, 1. −264 bis 241 v. Chr.−, 2. −218 bis 201 v. Chr.−, 3. Zerstörung von Karthago − 146 v. Chr.−, 50 000 Karthager, der überlebende Rest von 500 000, ergab sich) und bog sich dann, wie ständig aufs Neue geschockt, vor der nahen Neuzeit zurück, um Wochen später wieder in die Punischen Kriege zu münden. Die Schlachten von Herrn G. und Onkel Hans waren also nichts, wo Millionen gern zugeschaut hatten oder woran sie hätten erinnert werden wollen. Frauen hatten übrigens keine Narben, höchstens auf dem Oberarm zwei magische Kreise. Von der Pockenimpfung. Wir kleinen Mädchen träumten davon, vergeblich. Selbst die Masernimpfung ging bei uns glatt durch.

Womöglich ist es so, dass die Unterscheidung Mann/Narbe und Frau/narbenlos erst erworben werden muss. Als Kinder jedenfalls hatten wir wenigstens alle die Knie voll mit herrlichen Narben, durch Hinschlagen, Ausrutschen, Abschürfung sowie danach durch sorgsame Abpulung entstandenen Narben. Meine Schwester hatte in ihrer Narbe eine kleine Grube. Toll! Der Vetter hatte eine Narbe am Haaransatz, ich selber bekam eine Knubbelnarbe am Oberschenkel, als ich mich im Holunderstrauch versteckte, dort abrutschend auf einen Zweig fiel, der sich mir tief ins Fleisch bohrte, dort abbrach und per Pinzette mühselig gesucht und herausgefischt werden musste. »Erst Indianer spielen, dann heulen«, höhnte mein Vater.

Damals, als Kinder, waren wir alle Indianer, irgendwie geschlechtslos. Narben hatten etwas Spielerisches, anders als bei den Alten, bei denen sie nur peinlich waren. Narben zeigen heute, dass ein Typ verletzlich ist, im Gestrüpp von Holunder oder der argentinischen Abwehr oder der Liebe zwar heftig angegangen wurde, alles gegeben hat, dass nicht alles gutging, aber dann doch gut wurde. Zu dämlich, dass das nur für Männer gilt. Alle Damen sind superglatt. Und Kinder, männliche wie weibliche, sehen heute natürlich vollkommen unversehrt aus, wie frisch aus dem Labor.

TEURE TYPEN

Syrien, das Donezbecken, die Provinz Ninawa im staubigen Norden des Irak – Männer! Wer sich schlagen will, für eine gute Sache, um die Menschen gegen Willkür, Mord, Despoten, Krieg, religiöse Fanatiker zu verteidigen, der hat heutzutage viele Angebote und kommt rum. Sie sind ja überall, diese Typen vom IS, diese Fundamentalisten aus dem Irak, den Vereinigten Emiraten, Gelsenkirchen oder woher auch immer. Weshalb ein Zeitungsartikel, auf den neulich mein Auge fiel, mir das Herz stocken ließ. »Schuss auf Bremen!«, so die Headline. Bremen! Jetzt auch Bremen.

Es mangelt uns nicht an Mitgefühl für Mossul, für Bagdad, die verfolgten Jesiden – aber Bremen? Aus Hamburger Sicht sind Schüsse auf Bremen kein Spaß. Es gibt eine Kooperation der Hansestädte. Nun, der Artikel konzentrierte sich dann auf einen Aspekt kriegerischer Auseinandersetzungen, der in all den Diskussionen um die Kriege der letzten hundert Jahre oder Tage kaum je erwähnt wird, schon gar nicht, wenn der deutsche Außenminister mit Kurden verhandelt (»dringend benötigt: panzerbrechendes Gerät«), also auf einen Aspekt, der vermutlich in der großen Politik schon unerwähnt bleibt, weil sonst ja alle gleich nach Hause gehen könnten, ohne sich zu schlagen. Es geht um die Frage, was es kostet. Unsere Einsätze für den Frieden. Wer bezahlt.

Oder man es sich leisten kann, die Freiheit zu verteidigen – am Hindukusch oder in Jordanien oder irgendwo in Afrika.

Anders mit Bremen. Die hanseatische Krämerseele ist berüchtigt, jedenfalls wird in Bremen jetzt sehr emotional diskutiert, wer für die Krieger blechen soll, die in Bremen wie gelegentlich auch anderswo in der Republik zu großen Schlachten anreisen, die am Rand von Fußballspielen ausgetragen werden. Es fallen an: Wochenendaufschläge für die Polizei, Ausgaben für die Putzfrauen et cetera. Summe: 18 Millionen Euro pro Saison. Bremen möchte nun die Bundesliga abkassieren.

»Wir glauben, dass mit diesem Ansatz eine Blankovollmacht zur Sanierung des Bremer Haushalts auf Kosten der Bundesliga und anderer ausgestellt wird«, schäumte DFL-Chef Christian Seifert in einer deutschen Sonntagszeitung.

Blankovollmacht! Also, wir hatten gedacht, Blankovollmachten seien etwas für Gattinnen, die ihre Clutches so fröhlich schwenken, weil darin Plastikkärtchen liegen, auf den Namen des aktuellen Schnuckibären ausgestellt, mit denen sie Klamotten kaufen, deren Preisschilder andere Frauen in trostloses Schluchzen ausbrechen lassen. Frauen, speziell Gattinnen, gelten, im Unterschied zu Kriegern, als sehr teuer. Für Clutches hat der Modedesigner Alexander McQueen deshalb einmal den bulligen Körper eines Mini-Tresors entworfen, dessen Klickverschluss einige Stil-Ignoranten für ein Mini-Imitat des brillantbesetzten Totenkopfes von Damien Hirst halten (Platinschädelabguss mit 8601 lupenreinen

Diamanten), der aber womöglich, McQueen war ja nicht nur suizidal, sondern gelegentlich auch ganz der alberne Engländer, gedacht war als ein Augenzwinkern in Richtung des hohläugigen, bis auf den Knochen abgemagerten Symbols der St.-Pauli-Fans. Unsere Hungerleider. Männern gelingt es, wie dem FC St. Pauli, erstaunlich gut und oft, den Eindruck zu erwecken, was sie so treiben, sei ja nicht so teuer, jedenfalls nicht so wie das, was die Clutch-Mädels treiben. Wie oft hört man den Satz: »Er braucht für sich ja fast gar nichts.«

Super angetäuscht. Nur die paar Anzüge. Selbst von Barack Obama ist überliefert, dass es gerade mal fünf, sechs Anzüge waren, die in der Ankleide des Weißen Hauses auf ihn warteten. Keine Handtaschen aus Kroko. Braucht der Mann nicht. Nur Socken. Selten High Heels. Okay, ein paar Budapester, gern handgenäht. Ein Breitwand-TV, dann natürlich so breit, wie es die Wohnzimmerwand hergibt. Gern auch das Auto mit den vielen mächtigen Kolben. Die Bestenliste der teuren Uhren wird von Modellen angeführt, die erstaunlich süße Namen tragen wie »Sky Moon Turbillon« oder »Grand Complication«, Preisschilder – zum Ohrensausen. Repräsentative Villen, gläserne Corner-Offices, Hubschraubertransfer, Jachten, Geschäftsessen in Miami – alles Männersache! Und eben gar nicht so billig. Und da soll jetzt eine kleine, sich auf Wochenenden beschränkende Fußballrempelei plötzlich zu teuer sein? Absurd und provinziell.

WAS UNS ANMACHT

Neulich, wir saßen gesellig zusammen, das Thema war
das Unübersichtliche, die ärgerliche Unerklärbarkeit des
Menschen, seines flatterhaften Willens, kurz: der Mensch
in seiner nervtötenden Blödigkeit. Disparate Erklärungs-
versuche wurden herumgereicht wie die Chips mit Ched-
dargeschmack, es war das übliche Hickhack. Bis einer
beherzt das Wort ergriff und sinngemäß sagte, auch bei
Frauen wisse man ja nie. Hä? Erst wollten sie einen
Mann, der die Wäsche aufhängt, dann verwechselten
sie den mit einem Waschlappen und würden sich dem
nächsten Kampfhund an die mit Testosteron oder Ei-
weißdrinks aufgepolsterte Brust werfen.

Stille brach aus. Dann: Riesenzustimmung! Ein
hochgepegeltes Gelächter der Art, wie man es ja heute
zu oft hört, Mund auf und alles muss raus, bis den armen
Zuhörern das Trommelfell flattert (siehe auch: Zähneblecken). Die Frage ist hier nicht, hatten wir diesen blöden Scherz nicht schon mal gehört, war das nicht zu
Blackys Zeiten, auch so einer mit viel Zähneblecken, der
jetzt auch schon tot ist, sondern: Stimmt es? Die Antwort wäre: Ja! Ein uneingeschränktes Ja!

Männer! Sind ja manchmal kurzsichtig und be-
griffsstutzig. Das Wäscheaufhängen ist doch noch kein
erotisches Verhalten an sich. Es sei denn, das weiß doch
jeder, die sich reckende Person ist weiblich, trägt den

Rock sehr kurz und weiß, dass jemand unter ihr hilflos zuguckt. Aber auch das ist nicht frisch, sondern eine Einsicht noch aus der Ära des Hausfrauen-Reports, als stalkende Männer zu enge Hemden im wilden Orange trugen, was sie natürlich auffällig machte und alles längst im Cinemascope-Format breit gezogen wurde. Was also reizt eine Frau, jetzt mal außer Sixpacks, an einem Mann, wenn es nicht das Wäscheaufhängen ist? Auf diese heikle Frage läuft es hinaus. Und die wirklich böse Frage ist jetzt: Männer – wollt ihr die Antwort?

Neulich, ich hatte Gelegenheit, die Frage mit Vivienne Westwood zu erörtern, die man als die Queen von Punk und Sex kennt und die in Latex Underwear schon vor Jahrzehnten viel Know-how verströmte und halb London lahmlegte, jedenfalls den Verkehr auf der Kings Road. Vivienne, die mit ihren 73 Jahren einen 25 Jahre jüngeren Andreas (Rockträger) ihr Eigen nennt, gab süß lächelnd kund, das Spannendste am Mann sei für eine Frau immer noch – Intellekt. Shocking!

Diese Antwort ist, evolutionär betrachtet, natürlich nicht doof, Sex mit klugen Typen läuft ja letztlich auf Nachwuchsoptimierung hinaus. Und für die Jahre nach dem Sex ist eine witzige Unterhaltung auch nicht schlecht. Für Männer muss Viviennes Antwort eine Steilvorlage sein. Geistige Brillanz ist nicht jedem von der Natur gegeben. Anders als ein Sixpack ist sie auch nicht mit Hilfe eines Personal Trainers hochzuladen (weshalb Männer diese Frauen, die wie Vivienne aus den grellen 68er-Jahren stammen und sich kluge, interessante, aufregende Partner wünschen, häufig »anstrengend« finden).

Schauen wir uns an einem Setting um, in dem Männer ihre schönsten Trophäen präsentieren – in der Lobby eins Luxushotels. Man sieht langbeiniges Gewächs, nicht selten blond, grazil wogend auf High Heels kommen sie daher, schon klar, was Männer an ihnen finden. Geile Schnallen. Aber was finden die geilen Schnallen an ihren Typen, die altersgerecht oft an den falschen Stellen unvorteilhaft ausbeulen?

Wir wollen eine weibliche Fixierung auf Seniorität ausschließen, eine Perversion, die zu selten ist, um berücksichtigt zu werden. Was bleibt? Vielleicht ist es ja nicht mehr als dieses kleine Etwas, also dieses acht mal fünf Zentimeter messende Objekt der Begierde, die American Express Goldcard. Der Mann wäre so gesehen weniger Partner denn ein aufreizender Scheckkartenträger-Dienstleister. Das ist ein hässlicher Gedanke, den wir hier nicht zu Ende denken wollen.

Gern ist ja davon die Rede, dass ältere Herren in Frauen ihre zukünftige Pflegekraft suchen. Das wäre nun, im Angesicht der demografischen Entwicklung und des sich abzeichnenden Personalmangels im Bereich des Care-Business, kein unberechtigtes Verlangen. Nur – Frage wäre wieder: Was will die Pflegekraft von ihm? Keinen Sex, versteht sich. Scharfer Intellekt – ist in dieser Alterskohorte ein oft leider wie der erste Schnee dahinschmelzender Reiz. Womöglich handelt es sich um die Befriedigung einer Nanny-fixierten weiblichen Libido, ein erregtes Herumschieben des Pflege erheischenden Seniors, eine Lust am Abkanzeln, Abfüttern …?

Lassen wir das Thema ruhen.

MUSKELSPIELE
UNTER BROKAT

Meine Vorfahren begannen ihre Zeit auf Erden als süße Typen. Locken bis zu den Schultern, Wimpern wie seidige Staubwedel, dazu wehendes Spitzenzickzack um die Knie – es war mir stets ein Rätsel, wie aus dem kleinen Feenwesen auf den kleinen Schwarz-Weiß-Fotos etwa Papa werden konnte, den Hals einbetoniert, darüber die herzschlagerdrückende Anzugjacke. Der ganze gute dicke Wollstoff! Er ist früh gestorben. Die anderen hartverschalten Typen sind aber mit Papa keineswegs ausgestorben, man sieht sie überall, an den Schreibtischen der Republik, natürlich im Parlament, besonders dichtes Aufkommen in der ersten Klasse der Deutschen Bahn, gerne an Lufthansa-Gates. Mach dich doch mal locker, will man diesen Herren zuwispern, aber immer scheinen sie zu abgelenkt, um das zu hören, vermutlich damit beschäftigt, den Kratzimpuls zu unterdrücken, den Harris Tweed auf nackter Oberschenkelhaut auslöst.

Wer ist schuld? Wie immer Feministinnen? Weil sie jedwede befreiende Energie mit ihren weggeschleuderten BHs erschöpften? Übrigens waren es meiner Erinnerung nach unattraktive Modelle, die davonflogen, eine Marketinglücke aufrissen, die heute von La Perla oder dem Label Agent Provocateur gefüllt wird. Dazu trägt eine Lady heute – Herrenschuh. Wie damals Papa. Steif, hart, solide.

Vorbei die Zeiten, als es im Schlafzimmer zuging wie im Autosalon, wo sich Mädels mit High Heels auf Kotflügeln rekeln, unangenehmes Wort übrigens. In meinem Lieblingsmagazin, das den Titel *How To Spend It* trägt und von der *Financial Times* verlegt wird, finden sich auf einer Doppelseite acht geradezu schwarzglühende Herrenschuhe für Damen unter der Überschrift »Rock 'n' Sole«, Modelle von Cavalli, Hedi Slimane oder Lanvin. Führend, auch preislich, Valentino Garavani, ein Objekt, das seitlich mit zwei goldenen Schnallen aufwartet, die wie doppelte Euro-Signaturen aussehen (640 Euro).

Männer! Da bahnt sich was an. Unverhohlen frech wird hier die Frage gestellt: »Wer hat in Zukunft das Recht auf Männerschuhe?« Und: »Wer hat die Männerhosen an?« Will heißen: »Wer hat die Knete?« Die Bedrohung des männlichen Terrains durch weibliche Konkurrenz ist Fakt. Nicht wenige der weiblichen Männerschuhe zeigen sogar die weichen, zum lautlosen Schleichen geeigneten Sohlen der einstigen »Brothel Creeper«-Schuhe, die der Punk als ironische Geste empfahl, mit der man fette Spießer verhöhnte, die sich heimlich ins Bordell schlichen, statt dem wilden Sex zu frönen, der damals überall im Angebot war. Und jetzt also, in einer ironischen Doppelspirale, ist der Brothel Creeper am Frauenfuß angekommen. Darf man fragen: Was trägt denn dann der Herr zur Begleitung einer Dame in diesen doppelt ironisch durchgestylten Herrenschuhen?

Wir haben uns in den neuen Kollektionen umgeschaut. Angelo Galasso zeigt einen süßen Kerl im rubinroten Knittersamtjackett, sein Lippenstift ist eine Nuance heller gewählt. »Red Alert« heißt die Modestrecke, auf der in den Tönen Claret, Crimson, Damson und Dusky Pink eine duftige Männlichkeit inszeniert wird. Wollbrokat von Versace, im engen Spitzendekor für muskulöse Beine. Paul Smith: Jackett in müdem Cashmere-Rosé. Salvatore Ferragamo, der einst die nuttigen Stahlheels für Ladys hoffähig machte, zeigt uns die Boys jetzt im seidigen Dressinggown.

Wozu sind solche Typen in Puderrosé wohl nütze? Die Föhnfrisuren legen ein gelangweiltes Verwuscheln nahe. Da ist so eine weiche Mattigkeit, als hätten die Typen den ganzen Tag lang in Muttis Kleiderschrank gewühlt und sich gerade noch entscheiden können für eines der vielen süßen Outfits.

Crossdressing ist natürlich nicht neu, war aber bislang einer Minderheit vorbehalten. Der kleine Jean Cocteau etwa liebte es, mit viel Rouge auf den Pariser Partys aufzukreuzen und mit Eleonora Duse verwechselt zu werden – war aber darin eher eine Ausnahmeerscheinung. Heute dagegen leiht sich schon mein viriler Cockerspaniel-Rüde, dem der entnervte Trainer gelegentlich schon mal die Kastration nahegelegt hat, ganz frech meine Schiaparelli-Ohrclips, weil ihr staubiges Brun angeblich so gut mit dem Brun-Roux der Ohrlocken harmoniere. Wohin das alles führt? Ich habe keine Ahnung.

ECHTE KERLE

Manchmal macht dieses Meditieren über den Mann echten Ärger. Männer! Sind so empfindlich, ärgern sich zu leicht! Männer haben behauptet, ich hätte die Kastration von Männern empfohlen.

Das ist erstaunlich. Ich habe einmal geschrieben, dass es mich sehr freut, dass Männer nicht kastriert werden. Und nicht kastriert werden müssen! Ausgangspunkt war, dass sich Rüden in meinem Lieblingscafé Newport ständig in die Quere kommen. Das Newport ist sehr klein, fast intim, unmöglich, dort einen Rüden reinzuschummeln, wenn drinnen einer mit lauten Vibrationsgeräuschen schon auf Posten ist. Männer reagieren auf Männer eben nicht instinkthaft aggressiv. Das ist doch sehr schön! Männer reagieren allerdings sehr empfindlich auf Frauen, die das Wort Mann in den Mund nehmen. Womöglich wird das als kastrierend empfunden? Im Sinne von: Wer ist die Frau, was über den Mann zu sagen?

Da ist natürlich was dran. Wer ist Frau? Was Mann? Manchmal kommt es mir so vor, als gäbe es nur wenige Momente im Leben, in denen Mann und Frau eindeutig geschieden sind. Auf Hochzeiten! Sie kommt in Weiß, er in Schwarz. Bei Babys nimmt man Rosa und Blau. Warum später aus Rosa und Blau Weiß und Schwarz werden – es bleibt nebulös. Kinder wachsen jedenfalls aus dieser Hilfsmaßnahme schnell heraus, weshalb jetzt in Deutschland die Geschlechtertrennung durch Schulunterricht heftig debattiert wird (#BayerischeProbleme). Babys erscheinen jedenfalls auf süße Weise geschlechtslos. So wie auch oft die Gesichter älterer Menschen. Rembrandts Mutter – eine Symphonie in weicher Fältelung. Sie zeigt eine an den Rändern nachgebende Geschlechtlichkeit, gäbe es nicht diesen Schleier über dem Kopf, sie könnte Rembrandts Vater sein. Rembrandts alte Männer aber sehen oft aus wie seine alten Frauen.

Alles 400 Jahre alter kalter Koffiehuis-Whiff, könnte man denken. Ich kenne aber Paare, die weder frisch noch uralt sind und bei denen die Genderfrage auch ein wenig offen ist. Die Männer sind weich konturiert bis zu den Öhrchen. Ihre Frauen haben Muskeln, auf denen Kugeln abprallen würden. Echte Kerle! Sie schmeißen den Laden, dass es kracht, während ihre Männer für die Freundlichkeiten zuständig sind, mit denen die forsche Art ihrer Liebsten ein wenig abgeschmolzen wird. Es gibt Frauen, die mehr Mann sind als viele Männer, die auch als Frauen gut durchkämen.

Wie irritierend das alles ist, zeigte neulich die Meldung, es gebe Bemühungen, *Pu der Bär* zu zensieren. In Polen! Puuh!

Für die Nichteingeweihten: Pu der Bär ist dieser Knuddeltyp mit Rundöhrchen im gleichnamigen englischen Kinderbuchklassiker, der in der ersten Szene auf der Treppe Geräusche erzeugt – BumBumBum! Nichts Sexuelles, es ist nur so, dass sein Freund Christopher Robin ihn am Bein trägt, und auf dem Weg nach unten knallt Pus Kopf – BumBumBum – gegen die Stufen, so dass Pu Hören und Sehen vergeht und er nicht mehr weiß, ob er Männchen oder Weibchen ist. Dazu gibt es jetzt auch in Krakau Fragen. Die berühmten Zeichnungen zeigen Pu nicht nur verdächtig rundohrig, sondern auch, was zwischen seinen braunen Beinchen ist – nämlich nichts.

Schwierig zu sagen, ob ein Pu-Pimmel kinderzimmergerecht wäre. Pus neues Transen-Image wird jetzt auf Twitter gefeiert, weil das ja sehr stylish ist, dieses ganze LBGTI-Dingsbums, jedenfalls in Berlin-Mitte, Neukölln, Jackson Heights, New York City, wo der Brooklyn-Nerd längst abgepfiffen ist, dazu an anderer Stelle aus anderer Feder mehr. Was Geschlechtlichkeit angeht, haben die Briten tatsächlich nicht erst seit Thatcher einen verwegenen Ruf. Margaret war bekanntlich der einzige Mann im Kabinett, wenn auch einer mit Handtasche, die gelegentlich als Waffe benutzt wurde. Wozu auch immer. Das Wort Kastration wollen wir jedenfalls nicht mehr hören.

SIXPACKS
MIT BERSTSCHUTZ

Blond, busig, bumsbereit. Es wird oft unterstellt, die Sicht des Mannes auf Frauen sei so b-pola. Kaum hat ein neues Jahr begonnen, ist die Stimmung bereits wieder mau, weil die junge Frau schon am Frühstückstisch herzzerreißend jammert, dass der junge Mann in Frauen immer dasselbe sehe oder suche, überall, aber am schlimmsten im Social Network! Wo hässliche junge Frauen gemobbt werden und dicke junge Frauen von niemandem gemocht. Ooooooch. Man ist versucht, darauf zu verweisen, dass mobben und schneiden und vorführen durchaus auch in Mädelskreisen zur Virtuosität gebracht werden und dass zu Airbags aufgespritzte Hintern jedenfalls keine Männeridee sind, sondern weibliche Pop-PR. Lassen wir Uggs hier mal unerwähnt. Manche halten sie für Stiefel, Männer machen diesen Fehler nicht. Und hätte man schon mal einen Mann getroffen, der Lipgloss für sexy hielt? Würde er sich im Übrigen gar nicht trauen zu sagen. Wie kurz ist denn der Weg zwischen sexy und sexistisch, hallo, das hat nun wirklich jeder Typ kapiert.

Männer! Sind immer defensiv in solchen Diskussionen. Dazu haben sie keinen Grund. Wenn Männer sich mal damit beschäftigen würden, wie sie selber wahrgenommen werden, von Frauen oder der Welt, im und außerhalb vom Social Networking, dann käme die Diskussion in wirklich abgrundtiefe Gewässer. Neulich trieb ich mich in einem mehrstöckigen Buchladen herum, und mir fiel es wie Schuppen von den Augen. Frauen, Frauen, Frauen, auf allen Buchcovern, sagen wir, auf fast allen. Dominant.

Es wird oft beklagt, dass Frauen auf Buchcovern wie im Social Networking oft blond und süß rüberkommen, was tatsächlich für die Roman-Abteilung zutrifft, und wenn also nicht blond, so doch gelockt, jedenfalls sehr gerüscht und immer mit diesem aufreizenden Blick, auf was eigentlich? Also nicht auf Männer jedenfalls! Auf Buchcovern ist alles wegretuschiert, was Brusthaar hat. Hat ein Mann sich je darüber beklagt? Von wegen: Quotendesaster auf Buchcovern!

Das Männliche in der Welt der Buchcover wurde gnadenlos ausrangiert. Durch Substitution. Womit ausgetauscht? Meine Recherche hat ergeben: In der Abteilung Roman sieht man viele Gartentüren. Gelegentlich auch Rosen (vertrocknete), oft Meer (hoch aufschäumend). Sogar Blaubeeren finden sich, aber Männer? Nö. Sogar der erotische Bestseller *Shades of Grey*, ein Roman, in dem ein gerissener Verführer auftaucht – verzichtet auf ein Bild dieses Männer-Sexwunders. Was sieht man stattdessen? Man sieht Blütenkelche (knurbschelig). Selbst Louis Begleys Erinnerungen an eine Ehe (normale Beteiligung: zwei) – zeigt eine einzelne Frau, also ohne Gatten, stattdessen sitzt sie auf einer Bank. Was sieht man auf einem Buchtitel, der nun wirklich unabweisbar von einem Mann handelt (Untertitel: *Der 50-Jährige, der nach Indien fuhr ...*). Man sieht – einen Elefanten!

Natürlich gibt es in Buchhandlungen durchaus auch Männerbilder. Aber wo? In der Abteilung Geschichte. Immer noch viel Scholl-Latour, er ruht nicht, er verkauft sich. Immer Wüllem zwo, mit Spreiz-Schnäuzer. Selbstredend der Dalai-Lama. Auch in der Biografien-Abteilung – fast nur Typen, also: Niedecken, Nagano, Bruce. Muss ein Mann, um bildhaft werden zu können, etwa singen, dirigieren oder regieren können? Wie schmal ist das denn gedacht?

Männer, die als echte Kerle der Abbildung wert erscheinen, gibt es, werden dazu meist in eine Ritterrüstung gesteckt. Da darf dann auch der Nasenpanzer nicht fehlen. Sie treten in Heeresstärke auf. Aber will man das als modernes Männerbild verstehen? Alternativ ist der Mann, also gelegentlich, entblößt, also nackt. Dann aber mit Sixpacks abgepolstert, bis zum Berstschutz. Die Bizepse wirken wie gestaut. Skandalös finde ich, wie oft der Mann als Sexobjekt fragmentiert wird. Man findet küssende männliche Lippensegmente, einige Bauchausschnitte, also wessen Zerstückelungsfantasien hier ausgetobt werden, man möchte es gar nicht wissen.

Drei Darstellungen, die aus dieser Trostlosigkeit der Männerimago herausragen: unser dicker Jamie, fröhlich wurschtelnd in seiner Küche. Zwei Herren, die am Strand entlangschlendern, aus großer Entfernung aufgenommen. Ich kenne das Buch und weiß, es handelt sich um hochdepressive Personen, also Chaplin und Churchill, das ist kein Spaziergang, bei dem man dabei sein will. Gerade mal *ein* hübsches Männer-Cover

war zu finden, von einem Hans Rath. Literaturtech-
nisch ein B-Promi, aber man sieht zwei Typen an der
Bar mit je einem Martini. Da würde man sich gerne
dazusetzen, könnte das Paar aber stören.

SCHARFE
HUNDE

Wer das Bild nicht vor Augen hat – es zeigt einen weich modellierten Herrn in gelben Cordhosen vor einer Tapete in der Patinafarbe Gold. Der Alte sitzt in der Heiterkeit seiner fortgeschrittenen Tage in einem Ledersessel und lässt unter der Bauchkugel die Knie auseinanderfallen. Da auf dem niedrigen Tisch vor ihm ein Objekt aufgebaut ist (Diktiergerät?), ragt dieses länglich in seinen Schritt hinein, eine unglückliche Optik. Der Philosoph Peter S., so verkündigt das Magazin, werde auf den folgenden Seiten sprechen – über Habermas, Poona, düt un dat, sowie seinen Plan, mit 67 Jahren am liebsten »nur noch erotische Romane zu produzieren«. Erotische – was?

Steilvorlage! S. übte ja in seinen Tagebüchern schon Sätze wie: »Hätte der Neoliberalismus Titten aus Zement, er sähe aus wie Heidi Klum«, deren posthume Veröffentlichung er bereits vorweggenommen hat, wohl um zu testen, wie so was ankommt, offensichtlich gut, es wird ja zitiert. Man könnte jetzt interviewmäßig, von Mann zu Mann, ganz in die Konfrontation gehen. Der Interviewer könnte knurren: »Erotische Romane! Haben Sie mit Ihren Büchern überhaupt genug Erfahrung gesammelt?« Oder: »Wirklich? Sie in Ihrem Alter?« Oder, Klassikerfrage für die debütierende Frau: »Sie trauen sich das zu?« Nichts da! Außer einem süß Gesäuselten: »Welche Romane taugen als Inspiration für ein solches Vorhaben?«

Männer! Es ist immer wieder schön zu sehen, wie friedlich sie doch miteinander umgehen; wie behutsam nachfassend, geradezu zärtlich. Was das bedeutet, darüber nachzusinnen bietet sich täglich Gelegenheit.

Morgens an der Hundewiese, man kommt nicht umhin, dort über Männer nachzudenken. Auf der Wiese sind meist Rüden, wie überhaupt im Park, auf den Straßen, in der S-Bahn und überall im Leben sehr, sehr viele Rüden unterwegs sind, zu viele Rüden, möchte man sagen, denn das ist kein Spaß, wenn man selber in Begleitung eines Rüden ist.

Rüde hasst Rüde. So die Regel. Da wird nicht zärtlich nachgefasst oder süß säuselnd Kontakt aufgenommen. Das Verhaltensspektrum reicht von Knurren, Grollen über Nachsetzen, Draufspringen bis Reinbeißen. Mein kleiner Rüde etwa riecht einen anderen Rüden quer über die Straße, auch wenn der andere Kampfhundformat hat und im speckigen Schlafsack eines Obdachlosen verstaut ist – er fühlt noch unter seiner nassen Daune das leise Grummeln von jenseits der Straße, Loshechten und Keilen ist eins. Weshalb Tierärzte so oft die Kastration von Rüden empfehlen.

Kastration ist in der Hundewelt ein Riesenthema, diskutiert wird in den caninen Modi Kläffen und Zähnefletschen. Selten aber wird die Frage gestellt, wie es kommt, dass Männer nicht kastriert werden müssen, damit sie am Arm ihrer Frau friedlich spazieren geführt werden können, ohne unterwegs andere Männer anzupöbeln oder anzufallen, draufzuspringen und irgendwo reinzubeißen.

Es ist ein Wunder. Zwei mögliche Modelle der Erklärung bieten sich an. 1., sportlich betrachtet: Fußball nimmt der hominiden Rüdenkonkurrenz spielerisch den Stachel. 2., freudianisch: Die menschlichen Junghunde verbünden sich, um den einen Alpha-Rüden zu erledigen. 3., historisch: Fällt der Kopf des Königs, können die Jungsporne kooperativ herrschen.

Gendermäßig ist dieses Modell als Patriarchat sehr in die Kritik geraten. Wertneutral betrachtet führt es aber dazu, dass Männer, anders als viele Rüden, nicht in einer Gummi-Einzelzelle im Tierheim landen, sondern gemeinsam viel Spaß haben – in ihren Offices, Clubs, Vorstandsetagen etc., besonders wenn dort viele Rüden zusammenkommen. Man muss die Aggressionshemmung unter Männern als den G-Punkt der Evolution betrachten. Und Frauen können sich mal die Frage stellen, was es evolutionär wohl bedeutet, dass sie über ein gemeinsames Adventsbasteln im Kindergarten kaum hinauskommen, also kooperativ betrachtet so oft Nieten sind. Und sollten die Antwort dazu nicht von Männern erwarten.

SCHWEINE
UND ANDERE TIERE

Die Herren! Sind manchmal nachtragend. Sie möchten nicht mit einem Hund verglichen werden, schreiben sie nachhaltig erbittert, nicht aus Jux, auch nicht entschuldigend, selbst dann nicht, wenn es freundlich gemeint ist, liebe Frau Mayer. Okay. Wenn man in Hamburg wohnt, wo einer mit dem Namen »Claudius von Rüden« entlang der Straßen plakatiert ist, weil er meint, sich mit diesem Namen für die Wahl in die Hamburger Bürgerschaft zu empfehlen, ist man vielleicht zu leichtsinnig.

Vielleicht, weil Claudius von Rüden so ein Süßer ist. Kein Bartwuchs, schmaler Kopf. Das Styling lässt ihn im hellblaublütigen Hemd besonders zart rüberkommen, wo er doch aus Duisburg stammt, aber jetzt im noblen Hamburger Westen siegen soll, wo sich die Population erstens durch große Adelsdichte und zweitens durch ultimative Hundemassierung auszeichnet – beides vereint Claudius von Rüden in sich auf vollendete Weise. Hund gehört zum Elb-Gentleman wie die Blonde in den SUV. Rehe schießt man, aber im Osten, auf den Landsitzen. Schwein isst man, gerne aus Biozucht. Mann und Tier, das ist ein Verhältnis, bei dem man sich auch mal fragen muss: Wie geht das denn für die Tiere aus?

Etwa Choupette. Wer das ist? Hallo – 51,1 Tsd Follower auf Twitter? »I am Choupette Lagerfeld and I am

@KarlLagerfeld's spoiled pussy«, liest man da. Man sieht Choupette, wie sie mit dem katzentypischen Blick auf ein Smartphone starrt, als lerne sie ihren letzten Tweet auswendig: »Anna, müssen wir wirklich überall in der ersten Reihe sitzen?« Aua. Böse die Krallen gegen Anna Wintour ausgefahren, für so was schickt Monsieur Lagerfeld also sein Kätzchen in den Mode-Krieg. Hatte die amerikanische *Vogue* zu wenige Karl-Seiten einge-räumt? In der *Brigitte* jedenfalls sah man Choupette schon mal zittrig auf dem tiefschwarzen Kühler eines Opel Corsa hocken, von dem aus sie auf Monsieur guckte, der vor dem Auto auf einem Drehstuhl saß, Fotos schießend für einen Opel-Corsa-Kalender, den dann eine Kunst-ausstellung im Berliner Palazzo Italia präsentierte.

Wir müssen mal strenger werden. Wurde Choupette gefragt, ob sie sich mit einem Kleinwagen zeigen will? Einem Corsa? Mit diesem alten Mann? Der nie ohne dunkle Handschuhe und dunkle Sonnenbrille rausgeht, was as much Burka ist, wie bei Chanel zu haben ist? Choupette wird sich ihre Gedanken machen, warum sie mit ihrem Babyfell, den Kulleraugen, dem Stupsnäs-chen von diesem Mann zum Alter Ego erkoren wurde, womöglich würde Choupette auch mal gern in einem Leserbrief schreiben, dass ihr das alles ein wenig merk-würdig ist. Schon das »I am @KarlLagerfeld's spoiled pussy«!

Apropos Pussy. In den Zeitungen war neulich ein Gemälde vom alten DSK, Dominique Strauss-Kahn, dem sexwütigen ehemaligen Leiter des IWF, gegen den schon ein Verfahren wegen bandenmäßig organisierter

Sexpartys lief. Man sah ein Porträt von DSK, das der Künstler Joe Black aus Hunderten von Ferkelporträts zusammengesetzt hatte (Titel: La Pig).

Bitte! Ferkel waren meine liebsten Spielkameraden. Ich möchte im Namen meiner Spielkameraden dagegen protestieren, dass ihr Name in einem Zug mit dem Namen eines Mannes genannt wird, dessen Neigungen nur solche Leute als Schweinkram bezeichnen können, die noch nie einen Schweinestall von innen gesehen haben.

Schweine sind kluge Tiere, und anhänglich, beides kann man von Strauss-Kahn nicht behaupten. Auf diesem Bild, das es bis in die Londoner Opera Gallery geschafft hat, sieht man Strauss-Kahn übrigens mit blutig verschmiertem Mund, als habe er gerade Frischfleisch verschlungen. Eine blöde Anspielung vermutlich auf das zarte Alter der Gespielinnen, die seine Spielchen oft wenig lustig fanden, jedenfalls geschmacklos und unhöflich, insbesondere Schweinen gegenüber.

WEICHE TEILE

Das Jahr hat gerade mal zwei Monate hinter sich, schon ist klar, man wird es das Jahr des Halses nennen. Das Jahr des Männerhalses. Viele haben das nicht verstanden. So verharren 1,37 Milliarden Chinesen unerschütterlich in ihrer Absicht, dieses Jahr als das Jahr der Holz-Ziege betrachten zu wollen, als einen Sehnsuchtsraum, der erfüllt sein möge von der Suche nach Harmonie, zu der Chinesen in besonderer Weise die Ziege für befähigt halten. Der Asien-Experte formuliert: »Werte wie Ehrlichkeit, Gerechtigkeit und Brüderlichkeit sind für die Ziege der Dreh- und Angelpunkt, mit dem sie versucht, die unterschiedlichsten Parteien an einen Tisch zu bringen.«

Schöner Gedanke, im Jahr der Europa-Krisen und globalen Religionskriege. Vermutlich hat noch kein Chinese je versucht, in der Norddeutschen Tiefebene, wo das Halten der behornten Huftiere zur Gewinnung von Bioziegenkäse epidemische Ausmaße erreicht hat, eine von Ziegen bevölkerte Grünfläche zu überqueren. Man lernt, sich leichtfüßig und behänd in Sicherheit zu bringen, politisch betrachtet natürlich auch keine Untugend. Tatsächlich gibt es aber große Unterschiede zwischen Mensch und Ziege, eine Erfahrung, die Männer besonders krass machen in Tagen, in denen ihre Hälse in den Nachrichten überrepräsentiert sind.

Der Männerhals ist, wie der Frauenhals, eigentlich nur ein mehrwirbliger Link zwischen Kopf und Körper. In der Vergangenheit hatte er etwas sehr Privates. Warum? Der Männerhals ist ein Organ, das im Schatten eines anderen Organs stand und, man kann den Eindruck haben, dort auch gern geblieben wäre. Man sah ihn nicht. Er war eingemauert in Kragen, farbige Schlipse lenkten den Blick weg vom zarten Weichteil. Als Herr Tsipras und seine Jungs die Kragen dann öffneten, hat das eine Welle der Kommentierung ausgelöst, die zu sehr auf die strangulierende Funktion des Schlipses fokussierte, die Stich- beziehungsweise Schimpfworte sind bekannt, sie scheinen einem SM-Katalog entlehnt – Abschnürung, Austerität, Demütigung, Maastricht etc. Nun ist die Demontage einengender Kleidungsstücke als Befreiungstusch noch keine Erfindung von Tsipras & Söhnen, schon Schiller wurde barhalsig abgebildet, um so das kopflos Wagemutige des Sturm und Drang zu symbolisieren. Egal. Der entblößte Hals steht immer für Tollkühnheit, deren Kehrseite leider eine hohe Verletzlichkeit ist.

Dass der Männerhals sensibel ist, war mir schon in früher Kindheit klar, wenn mein Vater sich durch Abknicken des Halses in der Badewanne regelmäßig die Wirbel verschob und dann über Kopfschmerzen klagte. Die zarte Modellierung des Halses ist eben auch Schwäche. Schwarzenegger trainierte deshalb seinen Hals zum Sandsack. Weniger militärisch befestigt, zieht der entblößte Hals des Mannes gerne Küsse an, fallen sie heftig aus, werden schillernde Botschaften der Leidenschaft sichtbar, ein Branding, das Besitz signalisiert, wie man es, nun ja, auch bei Ziegen sieht.

Hälse sind leider auch den Attacken des Alterns ausgesetzt, das sie durch frühe Faltenbildung verraten, übrigens auch bei Frauen, weshalb Schäuble, der sich vermutlich gern auch so rüde und frei wie ein griechischer Jüngling gebärden würde, gut beraten ist, den Hals bedeckt zu halten. Dazu raten im Übrigen auch immer schon alle Mütter. Ihre braven Söhne erkennt man daran, dass sie vielleicht ohne Schlips rausgehen, aber nie ohne leicht gewebte farbige Schals. Aus welchem bangladeschischen Webknast die kommen, ist hier nicht Thema. Tatsache ist, der nackte Hals ist eine Gefahrenzone erster Güte, was die Scharfmacher des IS leider nur zu gut, also ultimativ verstanden haben. Weshalb Halsabschneider das Wort des Jahres werden könnte.

.

TUN ODER
NICHT TUN

Peter, Timmy und Warren. Drei große Jungs. Verloren
letzte Woche ihren Job, weil sie am Arbeitsplatz Pornos
guckten. Männer! Das Leben kann eine Zicke sein,
selbst für die ganz oben, hier: für Mitglieder der britischen Strafverfolgungsbehörden. Hoch bezahlte Richter alle drei, der vierte im Bunde, ein Andrew, entging
dem Rausschmiss durch Abgang in den Ruhestand. Der
Guardian, immer höhnisch, eine Haltung, die laut den
empfindsamen Männern meines Umfelds hierzulande
von Maybrit Illner idealtypisch verkörpert wird, illus-
trierte die Story mit einem Hinterkopfbild richterlicher
Perücken, auf denen sich vergilbte Löckchen wie Schafe
aneinanderdrücken. Eindruck von Ängstlichkeit.

Was soll man dazu sagen. »Boys will be boys«, sagen die Engländer. Aber auch der Begriff »boy« ist seiner
Unschuld entkleidet; weshalb man bei unserer Edathy-
Affäre dazu überging, in den Presseberichten nackichte
Boys entweder als »erlaubtes« oder als »hartes Material«
zu bezeichnen. In England verschob sich die Diskussion
auf die arbeitsrechtliche Ebene. Was darf man während
der Arbeitszeit tun oder nicht tun? Schlafen? Träumen?
Aufwachen? Pornos gucken? Grundgütiger Hamlet!
Solche und andere Sachen mussten englische Richter in
gerade diesen Wochen entscheiden, kein Wunder, dass

sie entfliehen wollten, in welche Themengebiete auch immer.

Darf ein Prinz von England, um mal ein anderes hochrangiges Problem zu nennen, auf königlichem Papier ermahnende Briefe an gewählte Minister und Abgeordnete schreiben, in denen er die moderne Architektur so scharfrichterlich aburteilt, wie es nur einem Mitglied eines Königshauses passieren kann, das noch traumatisiert ist vom Verlust des Privilegs, hinter den trutzigen Mauern des Towers (erbaut 1078) alle um einen Kopf einzukürzen, die ihn zu hoch tragen? Schrieb Prince Charles diese Briefe während seiner Thronfolgerarbeitszeit? Vor dem Frühstück, also in seiner Freizeit, um sich die quälenden Stunden zu versüßen, in denen Camilla ihre graublonde La-Ola-Welle rundföhnte? Am Feierabend, während der königliche Kaminfeueranzünder auf den Knien seiner Zündel-Arbeit nachgeht? Anders gefragt: Sollte es wirklich eine Sache der ermittelnden Strafbehörden sein, dass Abgeordnete und Minister des United Kingdom im vergangenen Jahr den Umsatz der Champagner-Bars um Westminster von 31 000 britischen Pfund auf 35 000 britische Pfund hochgetrieben haben, taten sie das in oder außerhalb der Arbeitszeit? Sind das in der Ära eines global umspannenden 24-stündigen Arbeitseinsatzes (»The Apple never sleeps« etc.) überhaupt noch zeitgemäße Fragen? Kam es dabei zu sprudelnden Entladungen dieser Flaschen? Sorry.

Allein der Dolphin-Square-Skandal. In einem eleganten Wohnblock, wie er Prinz Charles gefallen dürfte, mit weißem Säulenportikus und allem traditionellen Schnickschnack, ließen Abgeordnete aller Couleur sich aus dem nahe gelegenen Kinderheim zarte Boys zuführen. Etwa der übergewichtige Cyril Smith, der ansonsten bei seiner Mama lebte, wer hätte ihn sonst gewollt. Ermittlungen bis hin zu Mord. Vertuschung bis hinein in ein gequältes Mr Bond, übernehmen Sie? Wo steckt der eigentlich? Man stellt sich vor, wie Judi Dench entnervt die Augen schließt. Wer will schon sehen, was die Boys so treiben? Ein wenig ordinäre Pornos gucken, klingt ja süß. Der schlimmste Spott kam von Zoe Williams, einer der feministischen Scharfschützinnen des *Guardian*. Nach dem üblichen Gemäkel über den Frauenanteil in der britischen Justiz (15,5 Prozent) spottete Ms Williams über die Ignoranz von Typen des Establishments, die stolz darauf sind, kein Handy bedienen zu können, und dann nicht schnallen, welche Suchergebnisse des eigenen Computers vom Firmenserver abgespeichert werden. Williams wusste, wovon sie schrieb. Bei einem ihrer journalistischen Kollegen habe der Browserverlauf einmal gezeigt: Porno, Porno, Porno, altes Delft. Noch mehr Porno.

Wie der Brite sagt: »What the fuck«, was in seiner Vieldeutigkeit vielleicht besser unübersetzt bleibt.

STRENG DER
NASE NACH

Da ist ein Blühen, Wehen, Sehnen – Männer! Es handelt sich um Frühlingshinweise. Daran hab ich lange herumgedoktert, an diesem Frühling. »Die lihindähähn Lüfte sihind ähärwaacht«, bei Sibylle, der geduldigsten der geduldigen Gesangslehrerinnen (»Schon besser, Susanne!«). Übrigens Uhland. Wir dachten, es wird nie was, aber jetzt macht das Wetter mit, »die Welt wird schöner«, ja sogar in Hamburg, »o frihischeher Duft«! Nun ja. Mal frisch, mal nicht so frisch. Mein lieber Herr Uhland. Am Wochenende, ich stand in der Kaffeeschlange am Kiosk, die Elbe lag glitzernd in der Sonne, was war das? Eher Geruch als Duft. Legte sich über den Kaffee. Reichte bis über das Wasser. Irgendwas, dunkler als Mokka. Nasser Hund? Hund, der sich in was Nassem gewälzt hat? Tote Maus? Möwenreste?

Es war dann dieser Typ vor mir. Sah aus wie ein Hipster, war aber nicht hip, jedenfalls offensichtlich dusch-scheu. Hätte ja auch die Brille abnehmen müssen zum Duschen. Man kann sich das Gejammer vorstellen, ein »Entweder man sieht nichts, oder man muss sie trocken wischen, was sind das für Alternativen, Mutti, oder weißt du was?«.

Ich bin ratlos. Neulich im Flieger. So viel Geruch, ich meine, für einen, der mit einem exklusiven Aluköfferchen unterwegs ist. Und auf dem Weg zum Gate des Airports doch durch die ausgedehnteste Flakonsammlung nördlich der Alpen kurven muss, wo man eigentlich nicht umhinkommt, hinterher wie hundert süße Blümchen abzustrahlen, bis man endlich bei Gate B 33 angekommen ist.

Oder in der Kirche. Der Mann mit der gelben Cordhose. Bei Männern mit Cordhosen bin ich sowieso vorsichtig, zwar meine Altersklasse, womöglich auch betucht, aber muss es immer Cordtuch sein? Dieser affige Ring auf dem kleinen Finger. Sieht doch eigentlich nur süß aus, wenn man schwul ist und auch sonst süß, sagen wir, wie bei Jean Cocteau mit seinen Mädchenfingern, und daran dann das zarteste Liebespfand von Cartier, der dreifache Knoten aus Gold. Ich bin sicher, Cocteau roch wundervoll, schon weil er auf dem Markt in Milly-la-Forêt jede Woche ein Kilo Pfefferminzbonbons kaufte. Wer jede Woche ein Kilo Pfefferminzbonbons lutscht, riecht doch noch aus der Tiefe jedes seiner Fältchen frisch und grün.

Aber die anderen, die keine Pfefferminzbonbons lutschen oder ungern duschen. Sagen wir, Lehrer. Solche, von denen die Buben behaupten, man könne mit geschlossenen Augen riechen, wenn sie neben einem stehen und sogar welcher von diesen Typen gerade da stehe. Was ist da los? Folgende Überlegungen. Drei Hypothesen.

1. In jedem Mann steckt noch das Tier. Man muss bei Tiervergleichen vorsichtig sein, aber der Hund (sorry) wälzt sich ja in der toten Maus, um seinen Stammesbrüdern und natürlich den anderen, den schnauztriefigen Boxern, den scharfen Vizslas et cetera zu signalisieren, sicherheitshalber aus großer Entfernung, was für ein

scharfer Hund er selber ist. Gerade wenn er kleiner ist. Reine Sicherheitsmaßnahme. Soll signalisieren: Bleib mir vom Leib! Wirkt auch bei Indianern und – wie man beobachten konnte – in der Kaffeeschlange.

2. Es sind die Lockstoffe. »Nicht mehr waschen!«, soll Napoleon aus Russland an Joséphine in Malmaison telegrafiert haben, »Krieg gleich aus. Komme nach Hause!« Bevor Waxing in wurde, war duftiges Gebüsch so was von *in* (also jetzt vor gefühlten Jahrhunderten!). Wir wissen nicht, was Madame zurücktelegrafierte, oder ob sie kleine, ungewaschene Männer liebte oder nur so tat, was tun Frauen nicht alles, für ein bisschen Kuscheln mit der Macht. Fakt ist, auch der harzige Geruch der Männerachsel soll bei der Frau Frühlingsstimmung stimulieren, aber wer kommt da schon immer hin? Mit der Nase, in die Achsel! Eben. So kommt der Duft zur Nase.

3. Es ist vielleicht auch nur dieses ganze gehetzte Leben. Keine Zeit für gar nichts. Wer nicht schläft, kann auch nicht duschen. Wer nicht duscht, hat auch keine Zeit, den Anzug aus der Reinigung zu holen. Oder ihn dort abzuliefern. Man möchte es nicht dramatisieren, aber sicher ist, ein sich genüsslich im Schaumbad rekelnder Mann, der alle 20 Minuten a bissl heißes Wasser nachlaufen lässt, dieses Bild gehört nicht zur Palette moderner Männlichkeit. Badewannenbilder – kennen wir aus Hollywood, die Wesen in den Wannen hören auf die Namen Brigitte und Marilyn oder Doris oder Audrey. Selbst die heutige Reklame für Badewannen zeigt immer nur Mädels im neuen Wannendesign. Ich finde, das ist altmodisch und muss anders werden!

VERSCHULDET,
ABER SEXY

Die *Irish Times* druckte am Wochenende einen interessanten Artikel zur Euro-Krise. Nun ja, die *Irish Times*, könnte man denken, wen interessiert, was die drucken, abgesehen von Gedichten natürlich. Im Nobelpreisgewinnen der Dichter sind die Iren ja spitze, Joyce, Yeats, Heaney, unglaublich. Aber in Bilanzen? Katastrophal. Verlorene Abwehrschlachten gegen feindliche Übernahmen seit dem Einfall der Wikinger im 10. Jahrhundert. Später Hungerernten, schwindende Bevölkerung, ein Abwärtsstrudel, wohin man schaut, mit Ausnahme der atompilzähnlich sich aufblähenden Finanzspekulation kurz vor 2008. Und dann – Gottes Strafe, wie es der fromme Katholik immer befürchtet hatte. Ein vorgezogenes Jüngstes Gericht. Weshalb die Iren jetzt wieder Experten im Armsein sind. Schon deshalb ist es interessant, was sie nun zu sagen haben.

Der Artikel beginnt mit Germaine Greer, die man vor dem Erfolg der Jungfeministin Laurie Penny eine Altfeministin genannt hätte, die jetzt aber wieder »in« ist wie der junge Feminismus. Germaine Greer habe Frauen empfohlen, sich einmal im Leben eine Affäre mit einem Italiener zu gönnen, jammert die *Irish Times*. »Sie ging nicht in Einzelheiten«, schreibt der politische Kommentator Gerard O'Regan verbittert, ein Brustbild zeigt ihn mit weiß geflecktem Bart, dazu Goldrandbrille, eventuell ein kleiner Panikkauf in Zeiten, als die Banken pleitegingen, also eine Art von privater Goldreserve – »aber vermutlich hat es etwas damit zu tun, was man das ›Latin-Lover-Syndrom‹ nennt.«

Oha! Es ist raus. Mr O'Regan dreht die Scheinwerfer auf etwas, das meist im Schatten bleibt – die erotischen Qualitäten des Mannes, vor allem des Politikers. Blitzte bislang dieses Thema höchstens auf, wenn einer mal die Gattin wechselte, bei uns gelten die Stichworte Wulff, Seehofer, immer gerne: Fischer. Jetzt geht es, mal andersherum, um die Eignung des Politikers als Toy Boy. Es ist ad nauseam bejammert worden, dass Männer sich nicht von den Stühlen der Macht erheben, um diese den Frauen anzubieten, aber nie wurde debattiert, welche Form die Körperteile haben, mit denen diese Männer wie festgeschraubt auf diesen Stühlen sitzen, oder wie sich welche Bella oder nicht so Bella Figura auf die politischen Auseinandersetzungen auswirkt. Macht ist sexy – so viel ist klar –, aber wie sexy sind die Mächtigen?

Die Frage kommt typischerweise auf in Zeiten, in denen wir in der machtvollen Schar von Politikern mittig eine Frau platziert sehen, die das Wort führt. Angela Merkel hat ihr Frausein nur einmal rausgehängt, flashartig; die Erinnerung an ihren weich geschnittenen Brustansatz (Bayreuth 2008) wird nun unter hochgeknöpften Pastelljäckchen gepflegt. Abschätzende Blicke wenden sich nun den Männern zu, weshalb es passiert, wie die *Irish Times* erläutert, dass die Debatten über

Zahlungspotenz und Standfestigkeit inmitten der globalen Finanzkrise so emotional hochkochen wie selten zuvor.

Argumentation wie folgt: Heißblütige Männlichkeit, wie sie eben die Griechen oder Spanier verkörpern, habe schon von jeher eine Aura von Unzuverlässigkeit bei gleichzeitiger fataler Attraktivität. Dieser Hauch von Gefahr, ist es nicht das, vor dem schon Mutti warnte?! Solche inneren, in der Kindheit erworbene Bilder von Männlichkeit schlügen durch bis auf eine feindselige Wahrnehmung der griechischen Bilanzen. Immerzu der Verdacht: Sind das nicht alles Hallodris? Haben sie nicht schon damals, als sie dem Euro beitraten – nur angetäuscht? Lauerte in den tiefen Augen des Südländers nicht immer schon das bodenlose Verderben?

Man spürt in diesem Artikel sowohl Panik wie eine naive Vibration einer Empörung über die Ungerechtigkeit des Schicksals. Dazu muss man vielleicht wissen, dass einmal die spanische Armada vor Irlands Küsten scheiterte (1588) und nicht wenige Schiffbrüchige sich an Land retteten und dort in nachfolgenden Balgereien den keltischen Look (blauäugig bei schwarzem Haar) mit einem mediterranen Touch perfektionierten, was heute oft unbemerkt bleibt. Also wie viel Spanier im Iren steckt. O'Regan stellt jedenfalls den Hallodri-Qualitäten des (dem Iren ein wenig verwandten) Südländers schmallippig das Image des Deutschen gegenüber – organisiert, pünktlich, ordentlich. Na also, bei solchen Tugenden, da schwinden natürlich jeder Frau sofort die Sinne. Die

Frage ist nur noch: In wessen Armen will die Frau liegen, wenn sie die Augen wieder öffnet? Wie sieht der aus, zu dem sie dann hochschaut? Im letzten Absatz seines Artikels explodiert O'Regans Abscheu gegen »Designer-Lederjacken« und das Varoufakis'sche »grand looking motorcycle«. Alles ein zu viel! Tja. Aber doch. »Manchmal siegt dann doch Stil über Substanz«, heißt es düster und ein wenig larmoyant. Das Ende dieser Auseinandersetzung wird spannend.

AUSGESCHLAFENE
TYPEN

In China war es dieser Alte, der im Spagat am Baum lehnte. Im Hochkant-Spagat. Präziser: ein Bein war am Boden, ein Bein in Richtung Himmel gereckt. Kopf an diesem Bein seitwärts abgelegt. Hingebungsvoll geschlossene Schlitzäuglein. Nein, das ist jetzt nicht rassistisch, man wird doch mal was Nettes über Männer sagen können, ohne dass jemand aufjault!

In Dubai fanden sich kleine Wanderarbeiter, dem Look nach aus Bangladesch oder eben Indien importiert, die wie die armen DDR-Würmchen in der Volkskrippe zur Mittagspause nebeneinander vor einem Hafenschuppen ausgelegt waren. Gleichmäßiges, tiefes Ratzen. In Afrika sieht man sie von Hauswänden oder dem Stamm einer Frangipani abgestützt, Augen zu, und weg sind sie. In Kambodscha schaukeln die Hängematten gerade ein bisschen vor, ein bisschen zurück, man sieht gelegentlich ein Bein oder einen Arm raushängen, das soll wohl ein wenig Kühlung einfangen.

Schlafende Männer! Sie sind keineswegs ein Urlaubsphänomen, sie kommen nicht nur in Bettenwerbung vor oder am Strand. Man begebe sich in einen ICE, dortselbst in einen 1.-Klasse-Wagen, wo ja unter der Woche immer noch so eine *purdah society* zu besichtigen ist, nur eine Handvoll Frauen auszumachen, versteckt unter all den Männern, Männern, Männern. Zwei Dinge können einem dort im ICE auffallen: einmal, wie zwei Typen leise über ihre iPad-Hülle von Prada plaudern (Sonderanfertigung). Und wie alle anderen im Wagen – tief schlafen. Männer in echten Anzügen. Typen, die wir uns gemeinhin vorstellen, wie sie mit stahlblauen Augen ihren Gegnern in die stahlblauen Augen blicken und so niederstarren. Und die jetzt daliegen, in der Beuge ihres ICE-Komforts, wie Kinder, die sich an eine Schulter anlehnen und dem Nichts hingeben.

Ist mir ein Rätsel. Woher dieses Schlafbedürfnis? Im Zug, in der ersten Klasse! Zu viel Erfolg? Zu wenig? Flucht vor dem Laptop? Arbeiten sie außerhalb des Zuges so viel, weil sie im Zug so viel schlafen? Haben sie so anspruchsvolle Freundinnen, dass sie nachts nicht zur Ruhe kommen? Noch interessanter, wie schafft es der Mann, sich dem Schlafbedürfnis so hinzugeben? In unserer beschleunigten Moderne? Öffentlich! Ist es eine Herrschaftsgeste – ich schlafe, also bin ich wer?

Es ist mir bekannt, dass es Männer gibt, die gar nicht schlafen, die nachts an die dunkle Decke gucken oder in die schwarzen Abgründe ihrer Seele. Klar, man kennt sie; die Hochsensiblen, die Feinvibrierenden. Übrigens auch Frauen – geben ja damit gern an, vor allem die Mütter, wie sie stundenlang wachliegen, im Stile von: Habe-ich-mir-die-ganze-Nacht-Sorgen-um-dich-gemacht. Ja, Mami. Dieses Gejammer blenden wir mal aus. Mütter schaffen es sowieso, jede Nacht weniger zu schlafen als Väter. Jede Woche einen Arbeitstag lang weniger gepennt als die Herren, dann aber Anti-Falten-

Creme kaufen. In einem Land der Hausfrauen, wo sie einfach mal abliegen könnten, ohne vorher beim Chef die Erlaubnis zu beantragen, eine Liege aufzustellen!

Aber zurück zu den Typen. Man stellt sich vor, dass die Offices dieser ICE-Helden hochaufgeräumt sind, wie blank geputzt ihre Schreibtische, die man durch Glastüren bewundern kann, alles so clean wie die »Mad Men«-Fassaden, an denen die Herren dann kopfüber und mit wehenden Schlipsen zu Boden flattern. Ob sie von solchen Not-Abgängen träumen, wenn sie daliegen und schlafen? Sind sie so entspannt, dass ihr Schlaf traumlos ist, einmal Frankfurt–München als Nirvana-Transit? Nie, dass man einen aufseufzen hörte. Kein Zähneknirschen. Kein Aufschrei aus den abgespeicherten Gemetzeln der letzten blutigen Meetings. »Zu wissen, dass ein Schlaf das Herzweh und die tausend Stöße endet, die unsers Fleisches Erbteil, 's ist ein Ziel, aufs Innigste zu wünschen«, seufzt Hamlet, sich verzehrend nach solcher Ruhe.

Es gibt Männer, die nicht den Hamlet geben, sondern sich ihre Ruhe einfach nehmen. Man muss sie beneiden.

LOCKE
ODER GLATZE

Der Typ war riesig und hatte diese süße Lücke zwischen den oberen Kachelzähnen, man konnte sie sehen, weil er lächelte. »Na?«, zwitscherte er. »Wer bin ich?« Oje. Fünf Jahre? Zehn Jahre? War es wirklich zehn Jahre her, dass ich Harald gesehen hatte? Wie leicht man sich vertut, wenn man sich lange nicht begegnet ist, am besten nimmt man ja gleich die doppelte Jahreszahl an, falls Vergleichsdaten fehlen, etwa wann kam der neue Hund, wann wurde der vorletzte begraben. Wieso also hatte ich Harald nicht erkannt? Es waren die Haare. Ziemlich lange Haare. Nicht überall schädelbedeckend, aber doch weiß und flaumig nach unten ausfusselnd, fast bis in Kragennähe. »Du hast jetzt lange Haare!«, krähte ich, und Harald dröhnte: »Na ja, was man in meinem Alter noch so gewachsen kriegt!«

Demut. Nie hatte ich darüber nachgedacht, dass Alter und lange Haare in einem so komplexen Verhältnis zueinander stehen können; wie schwierig es werden könnte, im Alter eine Frisur zu tragen, die in jungen Jahren doch die reine Provokation war und dann brav geschniegelt werden musste für die Karriere und jetzt, im Land der alten Männer, wieder sein möchte, wie sie mal war (was ja auf viele Dinge zutrifft). Das Haupthaar des Mannes ist ein Reiz an sich. Meine Mutter, die nun schon lange tot ist, pflegte noch die Erinnerung an den Haarschopf ihres Vaters, dicht und dunkel. Mamas Narrativ startete bei der leidvollen Ermangelung von Spielzeug – wir schreiben das Jahr 1923 – und hatte eine lange Phase, in der sie, dreijährig, in einer Küche, die mangels Elektrizität nur vom Herdfeuer erleuchtet wurde, auf dem Schoß ihres Vaters kniete und seine Haare kämmte, nach links, nach rechts, vor und zurück, immer neue Scheitel durch das Gestrüpp legte, bis er um Erbarmen winselte, weil jedes Haar bis in die Wurzel schmerzte. Opas Haare waren bis ins hohe Alter eine Sensation, dicht wie eh und je, ohne Anzeichen von Altersschwächelei, wenn auch schlohweiß. Glück gehabt.

Neulich klagte meine Freundin über die Ausdünnung ihres Schamhaars, sie erwäge ein Intim-Tattoo, da sich Waxing nicht mehr lohne und sich die frei gewordene Fläche vielleicht anders lustig nutzen ließe.

Tattoos statt Haupthaar sind ja selten. Natürlich gibt es Fußballer, die sich Muster in die Wolle scheren, nun gut, wer als erwachsener Mann mit Kniestrümpfen rumrennen muss, ist entschuldigt. Es gibt Typen, die sich die seitlichen Flächen des Kopfes blank scheren, was wohl eine Art von Härte signalisieren soll und was vielleicht nur solche Leute verstehen, die sich wie ich an die Fotos von Hugo erinnern, ehemals Waffen-SS – wir schreiben 1933 oder so –, er hält auf muskulösem Arm ein Baby, meinen späteren Freund Siegfried. Neulich – wir sind nun schon im neuen Jahrtausend – rauschte so ein niedrig gelegtes Gefährt an mir vorbei, man sah zwei dunkle Typen, einmal rundherum rasiert und oben kleinkrausige Wolle, die über die Stirn in eine Spitze auslief, als hätte man Mireille Mathieu mit Gabriele Krone-Schmalz gekreuzt. Ich war in Begleitung einer Ärztin, deren Schweigepflicht ihr offensichtlich nicht verbot, detailliert auszubreiten, wie auch solche Kerle auf die Einführung einer Nadel in ihre Vene reagieren, aber ich erzähle es nicht weiter.

Ich finde es nur schön, dass Glatze sich nicht komplett durchsetzt. Ja, ja, Yul Brynner, ist schon klar, wem, wenn nicht mir, unvergessen dieses spiegelnde Rund, der Auftritt von Brunner als Kosaken-Chief in »Taras Bulba«, meinem ersten Kinofilm. 1962! Ich habe ihn geliebt, diesen Typen aus Wladiwostok. Seitdem ist viel passiert. Brunner ist tot. Glatzen lösen bei mir heute wie bei vielen Frauen ein schmerzliches Ziehen des Muttermundes aus, zu sehr erinnert ein blanker Schädel an einen runden Babykopf, der sich durch einen zu engen Geburtskanal bohrt. Insofern, ein dankbares »Hut ab!« also vor den Männern, die tapfer herumtragen, was ihnen das Alter an Haaren noch erlaubt!

SCHENKEL
IN MARMOR

Nackte Männer sieht man wenig. So wenig, dass es einem gar nicht auffällt, wie selten man nackte Männer sieht in einer Öffentlichkeit, in der Frauen, noch in dieser Schafskälte, rücksichtslos gegen die eigene Gesundheit blank ziehen. Minishorts, die kaum den Schritt bedecken, die Hamburger Familienzeitung *Mopo* hat jetzt eine Sonderseite für nackte Frauen (Bildzeile: »aaa NE TS, 20 x 5 cm, OW 85b, r. küssen ...«). Männer – halten sich bedeckt. Vielleicht sieht man einen männlichen Teenie, bei dem rückseitig ein Fältchen aus der Jeans lugt. Oder ein zu enges Hemd ist nicht zugeknöpft, um Plüsch vorzuführen. Das war's schon. Neulich, in New York, die Sonne stömte vom Central Park durch die Glasfassade des Museums, draußen liebkosten sich frühjahrstoll die Paare, drinnen düste ich durch die Antiken-Galerie, und mein Blick fiel – auf pralle Schenkel. Sehnigste Unterarme. Modellierte Schulterpartien, süßeste Rundärsche. Die Waden! Okay, alles Marmor. Griechische Helden!

Ein Boxer, auf Baumstumpf, nackt bis auf die Schlagringe an den Händen. Ein junger Jäger, angetan mit nichts als einem Köcher. Rumpfreste von Herkules, aber der Torso doch appetitlich. Hermes, dessen Umhang arglos über die linke Schulter den Arm heruntergeglitten ist. Ein Satyr, in torsaler Drehung, »seinen

Schwanz (rückwärtig) zu betrachten«. Ein Held, kopflos, aber die Hand noch in Siegespose ausgestreckt, was die feine Modellierung des Oberarms zur Geltung bringt. Wie gern zeigten sie sich einmal nackt, die Helden, wie schön sie waren! Warum nicht bei uns, wo das Bürgertum nicht müde wird, gegenüber dem Plebs aus Afrika auf die in der hellenistischen Kultur tief verzweigten Wurzeln der europäischen Kultur zu pochen? Wäre da nicht, Herr Lucke & Co, ein nackter schöner Mann der beste Beweis für eine Leitkultur?

Es ist ja nicht so, dass wir in heldenlosen Zeiten leben. Wer sich durch die Zeitung blättert, wühlt in Schlachtenberichten. Jürgen Fitchen von der Deutschen Bank, vor Gericht im Kreuzfeuer. Weselsky, Frontsau der Gewerkschaft der Lokführer, schwer angeschossen. Ein Bataillon von Anwälten, das Thomas Middelhoff aus dem Knast haut. Sigmar Gabriel – okay, es geht hier nicht um Putten. Natürlich unsere Griechen. Aber mehr als ein Hemdknopf gelockert ist auch da nicht drin, nur bei Varoufakis sieht das halbwegs nackt aus. Gibt es eine Unsicherheit, was das männliche Körperbild betrifft?

Es gibt offensichtlich eine Marktlücke. Erkannt hat das der Medienriese Gruner + Jahr Hamburg, der das Männermagazin *Walden* auf den Markt geworfen hat, dessen Editorial sich thematisch immerhin sofort auf den Unterleib wirft, im Stile von: »Warum hat die Eule keinen Penis?« Man will der Natur zu Leibe rücken, anders als Frauen mutmaßen würden, geht es aber eher weniger um Bunnys als um Feldhasen. Die Szenerie ist nebeltriefend, vielleicht ein Kontrapunkt zur Côte d'Azur,

126

früher das Terrain unserer Badehosen-Helden, wo in diesen Tagen aber Middelhoffs Villenanlage inklusive Poollandschaft zum Verkauf steht. In *Walden* wird gezeltet. Dazu muss dem Mann erstaunlich viel erklärt werden – etwa Gitarrenhandgriffe für »Blowing in the Wind« oder Spaghetti Bolognese. Eine Grafik zur »strukturellen Zeltfestigkeit im Verhältnis zur Anzahl geleerter Biere«. Nackte Männer? Wer Männer en nature sucht, rücke vor auf Seite 18. Dort findet sich ein Fotolein zweier unbekleideter Typen, von denen der eine bauchtief im See steht, der andere (im Verlauf einer Rolle rückwärts?) waagerecht in der Luft hängt. Sehr kurze Haare. Location: Mecklenburg-Vorpommern. Okay.

Das ist alles irgendwie verzagt und stimmt uns traurig.

MASTER
MASCULINUS

Versprochen, keine Scherze mehr über Frisuren oder
Namen. Aber man muss doch Ausnahmen machen können. Die Vorstellung, dass ein kleiner Michael in einer
Schule, sagen wir, in Rosenheim, beim Appell seinen
Namen »Kimmel!« rausblökt und darauf ein vielkinder-
stimmiges »Kimmel-Pimmel!« einsetzt ... zu süß. Natürlich nicht für unseren kleinen Michael – weshalb wir
uns für ihn freuen, dass er nicht in Rosenheim aufwuchs,
sondern in Amerika, wo er aber, einen Ozean von kindi-
schen deutschen Sprachsauereien entfernt, trotzdem auf
sehr merkwürdige Weise auf Fragen der Männlichkeit
fokussiert wurde: Aus Kimmel wurde, entnehmen wir
der *New York Times*, ein Soziologe, der seit über 40 Jahren
versucht, die Merkmale der Männlichkeit zu erforschen.

Keine einfache Sache. Was ist ein Mann? Was will
er? Was will die Welt von ihm? Muckis? Powergestik?
Glatze? Kleine Wuschel an ausgewählten Körperstellen?
Tja, seit über 40 Jahren versucht Kimmel auf solche Fragen Antworten zu finden, und es ist tröstlich, aus der Perspektive einer Hamburger Männer!-Autorin, dass auch
der 64-jährige Kimmel aus seinen Feldstudien eher ver-
wirrt als erleuchtet aufgetaucht ist. Professor Kimmel ist
ratlos, weshalb er jetzt sogar einen eigenen Studiengang
zu diesen Themen an seiner Stony Brook University in

Long Island, New York, aufgemacht hat, ein Center for the Study of Men and Masculinities, an dem man in Zukunft einen MA wird erwerben können – Master masculinus.

Heikle Sache natürlich. Nicht nur im Hinblick auf spätere Visitenkarten. Direkte Fragen nach Männlichkeit sind ja immer noch ein ziemliches Tabu. Wie oft haben wir nicht schon die Fähigkeit des Mannes bewundert, einer Thematisierung von Männlichkeit geschickt auszuweichen. Männer beißen sich ja lieber die Zunge ab, als Genderfragen in Form von Männerfragen aufzuwerfen. Genderfragen sind aus Männersicht nichts als Empfindlichkeiten von Frauen über das, was Frauen machen oder können oder fühlen. Eine Political Correctness lässt Nachfragen nach dem Geschlecht von rasenden Piloten, besoffenen Fans, um sich schlagenden Ehepartnern (Antwort: männlich, männlich, männlich) wie an einem Neoprenanzug abflutschen, gar nicht zu reden von Nachfragen danach, wer sich öfter umbringt oder schweigt und dazu Bier aus der Flasche trinkt (Männer, Männer, Männer). Solche Fragen stellen im Prinzip nur Feministinnen und leider immer mehr Frauen, was einige Männer offensichtlich in Verzweiflung stürzt. »Alles Scheiße bis auf Mutti«, steht auf einer Postkarte, die mir zugeschickt wurde. Sie zeigt einen mit Muskeln nach Power-Ranger-Art durchgerippten Body, nackt bis auf einen Tanga, auf einem Sofa, verquält am Daumen kauend. Neben ihm, im Sesselchen, die kleine Mutti in Puschen, strickend.

Männer wie Kimmel laufen Gefahr, gefragt zu werden, warum erst jetzt Maskulinitätsstudien und nicht

früher. Sie werden auch bereits vorsorglich in Schutz genommen. Es sei vollkommen folgerichtig, dass Männlichkeit bislang kein Thema war, ist da zu hören. War
nicht lange die ganze Welt einfach – nur Mann? Literatur ein Gebiet, auf dem fast ausschließlich die literari-
schen Werke von Männern betrachtet wurden? Von
Männern? Kunstgeschichte im Wesentlichen die Geschichte von Kunstwerken, die von Männern gemalt
wurden? Es kann Dr. Kimmel nicht freuen, wer ihm so
zur Seite springt – Dr. Barbara Berg, Historikerin. Auf
ihrer Website präsentiert sie sich so: »Barbara Berg ist eine hochdekorierte Lehrerin, Autorin, Aktivistin, Berate-
rin und arbeitende Mutter.«

Männer! Es scheint so, als hätten sich Frauen,
avanciert und aggressiv, wie viele sind, mal wieder das
Genderthema gekrallt, jetzt sogar das der Männer.

NO SMILE

Manchmal kriege ich jetzt Männer-Post – Post über Männer, von Leuten, die den Horizont einer Frau erweitern möchten, die über Männer schreibt. Dafür bin ich dankbar. Oft kommen auch Bilder. Neulich kam eines von Jonathan. Jonathan trägt Glatze, dazu winzige mandelförmige Augen, er sieht sehr süß aus. Das Styling ist, na ja. Das Foto zeigt ihn in einem weiß-blau geringelten Overall. Die Faust liegt vor dem Näschen und ist, wie der Chinese sagt, noch festgezwirbelt wie ein Farnblatt vor dem Austrieb im Frühjahr. Zum Zeitpunkt des Fotos war Jonathan zwei Wochen alt, die Frage drängte sich auf, was ist an ihm männlich oder kann es werden? Wird Jonathan in 20 Jahren immer noch eine Glatze haben? Schon wieder? Wäre er in 30 Jahren schon ein glatzköpfiger Professor? Ein Wirtschaftsboss? Oder Wirtschaftsflüchtling aus Old Europe, der in Mumbai um Gnade bettelt? Hätte er dann seine zarte Gestalt schon abgestreift zugunsten eines kleinen Bauchansatzes? Hätte es ihn nach Dubai verschlagen, müsste er dann Kopftuch tragen?

Männer! Solche Fragen drängen sich auf, weil zurzeit die Rugby-WM läuft, von der mich ebenfalls viele Bilder erreichten, die man meiner Aufmerksamkeit zuführen will. Sie zeigen die knallhärtesten Spieler der Saison, bei denen man sich beim besten Willen nicht vorstellen kann, dass sie einmal das Stadium der Jonathan-Verpuppung durchlaufen haben.

Der Look ist seltsam. Keine Hälse. Arme vor der Brust verschränkt. Die Arme sehen aus wie der Verteidigungswall eines Nachtlagers von Siedlern in einer von Feinden gespickten Prärie. Sie wirken funktional aber so ähnlich wie Push-up-BHs. Oberhalb des Walls sieht man überquellende Polster, das sind die Brüste, also gerahmt von Oberarmen, die breiter sind als meine Oberschenkel, denen ich ja mit dem Kobra-Asana einen ästhetischen Kompromiss abzuringen versuche. Diese Rugby-Typen sind nicht nur sportlich anders drauf als ein Yogi, sondern auch ästhetisch. Israel Folau, der für Australien spielt, ist auf seinem Fanfoto nackt bis auf das Tattoo, das sich über eine zu üppigen Gebirgen aufgeworfene Muskulatur des rechten Oberarms spreizt, um von dort auf den Oberkörper zu wallen und da bis um die Brüste herum, die Tattoos akzentuieren so die Brustwarze als zentrale Rosinenstruktur. Die Muster der Tattoos erinnern an den geometrisch gesteppten, von Jean Paul Gaultier für Madonna entworfenen BH.

Bei Filo Paulo vom Team Samoa wandern fedrige Tattoos bis über die Bauchdecke weit nach unten, es sieht fast ein wenig kitzelig aus. Der Oberkörper von Viliamu Afatia, ebenfalls Samoa, ist so aufgepumpt, dass die Arme in kleinen runden Sicheln rechts und links abstehen, weil der Platz zum Runterbaumeln schon besetzt ist. Mihaita Laz – lassen wir es.

Es ist schwierig, etwas Neutrales über diese Typen zu sagen. Mich erinnern sie an seltsame Tiere, die ich

einmal in Belgien sah. Der Bus fuhr durch eine Land-
schaft, in der sich Wesen tummelten, die ich, als Landei
geboren, nicht eindeutig zuordnen konnte. Unter musku-
lösen Hinterbacken waren halbhohe Stummelbeine an-
geschraubt, Eindruck: wie aufgebockte Schweine. Die
Schnauzen waren lang und weich wie bei den Kühen
meiner Kindheit. Agrikulturelles Transgender. Wer's
nicht glaubt – am Freitag spielt Neuseeland gegen Ton-
ga, am Samstag Samoa gegen Schottland, Sonntag dann
Frankreich gegen Irland. Seht selbst!

HEULT DOCH!
ODER NICHT?

News, news, news. Da beschäftigt Hollywood Bataillone von Menschen, rekrutiert aus der kreativen Klasse, um uns die Langweile mit neuen Serienabenteuern zu vertreiben – und dann stellt sich raus, die wahren Kreativen sind schon vor Jahren in die Automobilindustrie abgewandert. Nicht erstaunlich, gestern traf ich bei einem kirchlichen Event in Baltimore, einer Stadt, die berühmt ist für Crime & Charity, also Messerattacken und Armenspeisung, ich traf dort also eine junge Frau aus der Unterhaltungsindustrie, die mit Produktionen wie »House of Cards« et cetera beschäftigt ist beziehungsweise beschäftigt gewesen war. Ganz schön prekär, das Existieren in dieser Branche, wie zu hören war. Monatelanges grimmiges Durchzählen der letzten abgegrabbelten Dollarscheine. Hungrige Erwartung des nächsten Engagements. Das fesselt natürlich kreative Energien. Im Drogenmilieu von Baltimore spielte etwa die vermurkste Serie »The Wire«, von der es auf Wikipedia strafend heißt, sie habe Zuschauer durch hyperkomplexe Charaktere überfordert. Abgesetzt! Abgesichert in hoch dotierten Verträgen dagegen haben in der Zwischenzeit die stets unter Langweile-Verdacht stehenden Buben von VW (Soundtrack: Kichern) ein Szenario entwickelt, das nun im News Channel als »House of Cars« Furore macht. Nach den ersten Folgen zeichnet sich ab, wie viel spaßiger es sein kann, niedrige Abgaswerte vorzutäuschen, als sie deutschbrav niedrig zu halten. Clevere Typen! Helden im Reality-TV!

Die erste Staffel von »House of Cars« ist durch. Und der Knaller. 8,5 Millionen rasende, Wut verpuffende Autobesitzer! In Europa! Weltweit elf Millionen! Maximale Reichweite, von Amerika bis Asien, wir erwähnen hier nicht mal die Russen. Es reicht schon, dass Korea im Boot ist. Man kann sich auf Auftritte der glamourösen amerikanischen Anwaltskanzlei Kirkland & Ellis freuen, junge Männer, schnittig wie ihre Dolce-&-Gabbana-Suits, an ihrer Seite die begehrten scharfen Juristinnen auf blutrot besohlten High Heels. Nur der eine Punkt blieb leider völlig unklar: Hat der CEO Martin Winterkorn geweint? In Folge eins? In zwei? Vor seinem Abgang, danach?

Viele Aspekte des männlichen Gefühlslebens sind überhaupt unterberichtet. Das führt dazu, dass sich das Vorurteil hält, das männliche Geschlecht, insbesondere das männliche Alphatier, sei extrem gefühlsreduziert. Männer! So etwas ist Negativ-PR mit weiblichen Gender-Bias. Die Berichterstattung konzentriert sich beim Thema Mann zu oft auf den Bereich sexuelle Erregung, etwa auf den Betriebsausflug nach Hawaii, statt mal auf die in Tränen schwimmenden Augen eines CEOs beim Rumzeigen der Enkel-Fotos zu fokussieren. Immer wieder versinkt unter die Wahrnehmungsschwelle, wie zittrig etwa die Stimme eines Chefs werden kann, der gerade noch im Silent-Bereich eines ICEs sein Meeting wie mit Megafon durchgezogen hat (»Zahlen, Müller! Einfach zahlen!«) und sich dann, wenn das Handy sich mit Dadadddda meldet, seine Stimme zu »Ja, Schatzilein« runterfistelt.

Die Tragik besteht darin, dass die Gefühle von Männern im Windschatten der öffentlichen Wahrnehmung untergehen. Anders als bei Frauen, die noch zuckende Lippen kontrollieren müssen, um nicht als menopausal hysterisch zu erscheinen, müssen Männer schon heftig rumtoben, um als emotionale Wesen überhaupt auf den Radar zu kommen. Wie anders wäre es zu erklären, dass Typen an ihrem Arbeitsplatz so rumbrüllen können, dass die Fenster scheppern – und wir dann erleben, dass sie immer noch als rational hochgezüchtetes Superhirn gelten?

Es kann von Männern berichtet werden, die etwa im Aufzug zufällig anwesenden überraschten Damen von Erektionsschwächen erzählen, nur damit sie nicht als so kantig rüberkommen. Die klassische Übersprunghandlung! Selbst rudelmäßiges Rumtreiben grölender Jungmänner mit bierflaschenbestückten Bollerwagen kann die Wahrnehmung vom vernunftgeleiteten Geschlecht kein bisschen perforieren. Ja, das ist zum Heulen. Heulen sieht nicht schön aus. Andererseits, Männer, wer von euch muss sich denn vor verlaufender Mascara fürchten?

CAMOUFLAGE
ALS STIL

Gestern auf der Rolltreppe bei Karstadt dieser Mann, der seiner Liebsten, die vor ihm fuhr, beide Hände so zärtlich auf den Arsch legt, als wolle er die Rundung memorieren. In der S-Bahn ein junger Vater, der ein frisch geschlüpftes Baby im Arm hält und die Wange auf dem flaumigen Kugelkopf ablegte. Man sah zwei Paar geschlossene Augen in exakt demselben mandelförmigen Augenschnitt, wie süß. In der Zeitung ein Bild von diesem Typen in Lederjacke und Jeans, der auf dem Boden kniet und hemmungslos weint. Ob auch ein Karl Lagerfeld mal weint? Karl Lagerfeld, der neulich in einem Style-Magazin eine Karikatur veröffentlichte; sie zeigte eine Hand, die ein Jagdmesser mit Hirschgeweihgriff hochhält, daneben stand – »Neu: Für Amateur-Terroristen – kein Training in Syrien«.

Oha. Solche Scherze. Wirken jetzt natürlich sehr old style. Lagerfeld mit seinen Rokoko-Spielchen oder der zärtliche Papa oder der weinende Lederjackenträger erscheinen wie Geisterfiguren aus einer schnell verblassenden Welt, in der Männer supersensibel oder superalbern sein durften oder weinen konnten oder Witze machen. Diese Welt wurde in einer Zeitung gerade sehr spöttisch als »eine irgendwie liebenswerte Idee von Zivilgesellschaft« beschrieben. Was »irgendwie« distanzierend wirkte, und, bingo, zwei Zeilen weiter war dann schon von »gegärtnerten Nischen« die Rede, es fiel das höhnische Wort vom »Heidiland«, in dem wir es »ein bisschen hedonistisch, ein wenig verwöhnt, manchmal ziemlich tranig« laufen lassen.

Solche Vorwürfe kamen bislang von schwarz vermummten Typen, die auf Pick-ups in der Wüste herumdonnern und schwarze Fahnen schwenken und uns, die wir in der schönen aufgeklärten Moderne leben, als lasterhafte Weicheier verhöhnen, also die Männer unter uns. Aber jetzt: stehen solche Anwürfe schon in einer deutschen liberalen Samstagszeitung. Man nennt es wohl Ideologieaustausch. Heidiland ist übrigens eine Anspielung auf einen Roman von Johanna Spyri, der aus dem Jahr 1880 stammt und auf einer Alm spielt, auf der das Heidilein beim Alm-Öhi-Opa zwischen Alpenblumen und Geißlein herumtollt, dann aber runter ins Tal muss, ab in die Realität – die das Heidilein allerdings sehr krank macht. Auch mir wird schon ganz schwach und schlecht, wenn ich sehe, wie die Welt gerade so neu verortet wird, zwischen IS und dem neuen Verbündeten im Kampf gegen den IS, dem Ex-KGB-Helden Putin. Im selbigen erwähnten Artikel wurden die von Russland überfallenen Tschetschenen schon freundschaftsvorauseilend als »dieses kaukasische Minivolk« bezeichnet, vermutlich eine Abgleichung mit der Sprachregelung des Kreml.

Männer! Merkt ihr es? Ihr werdet hier gerade neu definiert. Wohin man sieht, in den Nachrichten, auf Zeitungsbildern: Männer in Camouflage. Männer mit MPs. Männer, verschanzt im Häuserkampf. Männer, die Tatorte absperren. Männer, die Orte absperren, damit sie nicht Tatorte werden. Männer mit schwarzem Schlips, welche die Stärke ihres Landes beschwören. Männer mit dicken gelben Schutzwesten, Männer, die Marschlieder singen. Kleine Männer, die, auf Schuhen mit hohen Absätzen stehend, die Wehrhaftigkeit ihres Landes beschwören. Männer in schwarzer Robe, die unsere schönen, die Freiheit garantierenden Paragrafen auf Zack bringen wollen. Männer, die gerade mal 5000 Schuss verballert und den Feind zur Strecke gebracht haben, auf der Krim etwa, und nicht abends im Lounge-Sessel, auf dem Laptop, beim Computerspiel!

Ein neues Europa sei angebrochen, heißt es dann gern beschwörend. Jawoll! Der Eindruck entsteht, und ob in diesem neuen Europa dann noch Zeit ist, ihr kleinen Männermemmen, auf dem Nachhauseweg um 17 Uhr Paulchen im Kindergarten einzusammeln, wie es der politisch korrekte Umgang mit der partnerschaftlichen Elternzeit wünschenswert machte – na ja. Und für »Schatzilein, kannst du an den Friséesalat denken«? Für dieses ganze Gendergetue, die Träume von gleichberechtigt Vati sein?

Ich gebe zu, es kann gelegentlich beruhigend wirken, etwa bei einer Großveranstaltung, wenn man heute die Straße runterschlendert, und auf den Dächern stehen massive Körper mit Knarren, die im Zweifelsfall zur Verteidigung schreiten würden. Man fühlt dann ja Dankbarkeit. Die Frage ist aber, was wird dann dort verteidigt, und was wird davon nach der Verteidigung noch übrig bleiben? Darüber nachzudenken ist auch so eine neue Art der Wehrsportübung, allerdings nicht nur für Männer.

DER TYP
MIT DEM SACK

Dieses Buch ist allen Männern gewidmet, aber einmal im Jahr, wo Weihnachten ist, muss eine Ausnahme erlaubt sein. Wir fokussieren die Gedanken heute auf einen einzigen Männertypus. Er könnte allerdings stellvertretend für viele Männer stehen, die alle in der Früh im gleichen erwartbaren Outfit aus der Tür stürzen und ihren Jobs zurasen, termingetrieben, bis der Puls jagt, auch keine Zeit haben, mit den Kindern zu basteln, zu backen oder mit ihnen für das letzte Diktat vor den Ferien zu büffeln, die Rede ist von einem Perfektionsneurotiker, burnoutgefährdet – ja, es ist der Weihnachtsmann.

Ist er ein Mann?

Das Weihnachtsmann-Outfit macht eine Klärung dieser Frage fast unmöglich. Bodenlange Kutten tragen heute ja eigentlich nur noch Kamelhüter auf touristischen Märkten in der Sahara und in Europa nur Frauen, die damit allerdings böse auffallen. Ich habe dieser Tage mehrfach versucht, einem an mir vorbeirasenden Weihnachtsmann die Frage zu stellen, wie er zum Burka-Verbot stehe und ob auch er wie so viele Anhänger der westlichen Kirchen die körperverhüllende Kleidung eigentlich ablehne und sich lieber ausziehen würde – funkelnde Augen. Es war nicht festzustellen, ob sie vor

Tränen funkelten oder vor Vergnügen, und wenn ja, ob dies Tränen des Leidens oder der Wut waren.

Möchte der Weihnachtsmann von seiner Burka erlöst werden? Fürchtet er wie eine fromme Muslimin, dass er zwangsburkabefreit wird? Möchte er einfach mal eine schickere? Geht es um mehr Spitzen, wie sie an Gewändern katholischer Priester zu sehen sind, auf Wadenhöhe? Will er, dass Karl Lagerfeld sich kümmert? Da wegen der aufgeklebten wie mit Puderzucker bestäubten Haare im unteren Gesichtsbereich das Mienenspiel nicht abzulesen ist, war leider weder zu klären, was er denkt, noch, was er fühlt oder wessen Geschlecht er ist. Das Vermummungsverbot (§ 17a Abs. 2 des Versammlungsgesetzes) wird hier leider von der Obrigkeit so nachlässig durchgesetzt wie das Verbot, mit unbeleuchteten Fahrrädern auf Bürgersteigen zu rasen, was wie der Weihnachtsmann ebenfalls in den dunklen Tagen zum Jahresende verstärkt vorkommt, gelegentlich in der Kombination Weihnachtsmann AUF unbeleuchtetem Fahrrad.

Es ist jedenfalls offensichtlich, dass die Weihnachtsmann-Stimme immer künstlich abgesenkt ist – fast bis zum Bärengebrumm. Warum? Weil sie naturgemäß höher ausgelegt ist als die 125 Hz, die männertypisch sind? Weil der Weihnachtsmann eigentlich oder zumindest gelegentlich eine Weihnachtsfrau ist, die versucht, sich zwanghaft von den für Frauen typischen 250 Hz runterzutunen, auch weil neulich in der Zeitung stand, dass 250 Hz auf viele, gerade auf Männer, enervierend wirken?

Der Weihnachtsmann-Sound bleibt ein Rätsel, genauso wie die Frage, wer unter der roten Burka steckt. Bis auf einmal, als schon alles klar schien. Ist 20 Jahre her. Ein Weihnachtsmann klopfte Heiligabend an die Terrassentür und schleppte dann einen Sack ins Zimmer. Die Kinder bemerkten, erst flüsternd, dann aufgeregt kreischend, dass er ja dieselben Schuhe habe wie Thomas, der Nachbar. Jedenfalls so viel: Es waren keine handgenähten, eher etwas stillos Bequemes. Der Weihnachtsmann holte dann ein Kaninchen aus seinem Sack. Damit war es offensichtlich. Tiere zu verschenken ist absolutely daneben. Dieser Typ unter der Kutte jedenfalls konnte nicht der Weihnachtsmann gewesen sein.

Zweite Frage: Warum ist der Weihnachtsmann eigentlich immer so allein? Vorbei die Zeiten, wo er stets im Duett mit Knecht Ruprecht auftrat. Es gibt Abertausende von Weihnachtsmännern, er war einer der ersten, die sich globalisierten, und zwar – allein. Wurde Ruprecht mit spitzem Stift wegrationalisiert? Von wem? Von Gott? Vielleicht verbirgt sich heute unter der Kutte das letzte, in Hollywood vermisste, Männer-Exemplar vom Typus »Einsamer Wolf«?

Allerletzte Frage: Warum heißt es stets, der Weihnachtsmann sei alt? Selbst in »Hoho schubidubi«, dem hübschen Kindergartenlied, zwitschert es: »Ruhe, Frieden, ein Jahr Pause braucht der alte weise Mann.« Alt sein ist so was von OUT, es sei denn, eine Frau mit Silbermähne modelt sehr dünn und fast nackt für Frauen-Dessous für American Apparel, und das war letztes Jahr. Und »weise«? Nennen sich doch nur noch diese Wirtschaftsweisen, die alle Jahre wieder falschliegen. Was man vom Weihnachtsmann glücklicherweise nicht sagen kann.

Ich habe versucht, dem Weihnachtsmann auf Twitter zu folgen, es gibt dort viele – alle natürlich fake. Eine Nachricht auf Messenger blieb ohne Antwort. Es wird kommen wie alle Jahre wieder, Weihnachten ist vorbei, und der Typ und seine Klone sind wieder alle weg und alle Fragen offen.

HELPHELPHELP

Also, in Köln war ich nicht dabei, in dieser legendär
schrecklichen Silvesternacht. Aber einmal habe auch ich
live erlebt, wie eine Frau angetanzt wird, wie man heute
so nett formuliert, es war ein riesiger Schwarzer, der mit
behänden Sprüngen zu einer winzigen weißen Frau auf-
schloss und sie am Hals packte. Ja, ihr Rassisten, es war
so. Muss man dann auch sagen können. Er schob sie in
einen Eingang, knallte sie gegen die Tür und machte
sich an ihrer Kleidung zu schaffen, riss den Rock hoch
etc., also sie schrie, ich schrie. Nützte aber nichts. Dann
sauste ein Rennrad heran, ich kreischte wie in einem
Schülerplaystationspiel »Helphelphelp«, worauf der blei-
che Jungmann gelassen und betont langsam abstieg und
sich aufröhrend dem kämpfenden Paar näherte. Nicht
bevor er mir streng befohlen hatte, derweil auf sein Fahrrad aufzupassen! Antänzer verscheucht, Ende der Vorstellung, Job erledigt, der Typ bestieg wieder sein Fahrrad und – weg war er.

Die Szene – Bühne war die kleine Universitätsstadt
Ann Arbor in Michigan, USA – hat mich verwundert
zurückgelassen, aus mehreren Gründen. Erstens: Zwei
kreischende Frauen (#aufschrei) hatten den Antänzer
so wenig irritiert wie das Sirren von zwei Mücklein.
Zweitens: Das akustische Signal des Fahrradfahrers
(#roehren) hatte ihn dagegen subito vertrieben. Drit-

tens: dieses wie immer erstaunliche und überzeugende männliche Multitasking, gleichzeitig die Frau wie das eigene Fahrrad beschützen zu können.

Der Vorfall an sich war natürlich nicht so ungewöhnlich. Im hübschen Ann Arbor wurde jede Woche mindestens eine Frau auf dem Campus vergewaltigt. Auch im hübschen Freiburg, wo ich herkam, galt ein abendlicher Spaziergang entlang des Dreisamflüsschens geradezu als gerissene Aufforderung für heftiges Antanzen. Es sei denn, man war in Begleitung eines Mannes. Männer kamen damals sortiert in die dualen Rollen potenzieller Beschützer und potenzieller Angreifer (bei gelegentlicher Rollenvermischung).

Zu Köln und der Silvesternacht ergeben sich daraus Fragen. Etwa: Waren alle 500 Frauen wirklich alle ohne Männer unterwegs? Fehlte es ihnen also an Beschützern? Wurden auch Männer angetanzt? Schweigen sie darüber? Aus Scham? Wer sah eigentlich zu? Ich meine jetzt die Bilder, die von den großzügig um Dom und Bahnhof verteilten Kameras auf die Bildschirmwände der Polizeizentrale gebeamt wurden, sozusagen Porno live. Ich muss schon sagen, ich bin natürlich schon gespannt, wie diese Informationslücke demnächst wohl in einem Tatort ausgeschlachtet werden wird. Wer sitzt dann auf der Wache vor der Bildschirmwand? Der junge Hecht, der nicht mit zum Einsatz darf – weshalb er hämisch grinsend onaniert? Die müde Sekretärin, die sich gerade nicht an die Notrufnummer erinnert, 110? 120 oder wat? Ein fetter Sack, der zu alt ist für den Außendienst und allein zurückgelassen wurde und döst?

Auf dem Platz vor dem Dom waren jedenfalls ein paar Hundertschaften Polizisten. Hatten sie Angst? Einmal stand ich im erwähnten Freiburg einem Jungpolizisten gegenüber, Nase an Nase. Es war die Zeit des Häuserkampfes, als Abwehrschlachten gegen den Abriss billigen Wohnraums tobten, er war jedenfalls ein ganz Süßer, noch ohne Bart, auf seiner weißen Gesichtshaut zitterten die Angstschweißtröpflein.

Das Geschlechterverhältnis hatte sich seit jenen Tagen ja eigentlich ganz schön entspannt. Frauen waren nächtens in den Großstädten unterwegs. High Heels in der Hand, konnte man in den frühen Morgenstunden durch Hamburg oder Downtown Manhattan unbelästigt nach Hause schlendern. Ein Ende der Angst! Männer waren erleichtert, weil sie weder auf die Beschützer- noch auf die Aggressorenrolle festgelegt waren. Ob es wohl nur eine Zwischenphase war?

An dem besagten Kölner Silvester war ich natürlich auch unterwegs – in Hamburg, mit drei Typen. Einer war sehr fürsorglich und hatte Proviant eingekauft, Berliner und Schampus. Die anderen beiden hielten ihm die Sektkelche zum Einschenken hin, als der Angriff kam. Einer dieser Migranten, ja, is so, und weg war die Tasche. Was soll ich sagen, die Boys hatten ja die Hände voll, ich also hinterher. #Röhren! Was soll ich sagen, es wirkte! Der Kerl ließ die Tasche fallen und war weg. Ein Glück. Man will ja keine Männer schlagen müssen.

NEW STYLE

Das Thema berührt eine Wunde. Welches Behältnis passt zu einem Mann? Zum Mann passt im Prinzip gar kein Behältnis, weder Tasche noch Täschchen. Ein Mann trägt sich selbst, lässt die Arme baumeln, nicht zu locker, damit jeder sieht, er könnte zugreifen, in das Haar seiner Liebsten, und sie sanft zu sich ziehen, oder auf sein iPhone, das er dann gern in dieser abgewinkelten Art schräg von sich abhält, wie Männer es tun, um zu signalisieren, dass es unter ihrer Würde ist, überhaupt etwas in die Hand zu nehmen (siehe auch: einhändiges Schieben von Kinderwagen). Daraus ergibt sich eine Problemlage – weil ja ein neuer Männertypus aufgetaucht ist, was heißt aufgetaucht, in Kolonnen grenzüberschreitend von Süden her das Land aufrollt, wie man es sonst nur aus alten Historienschinken kennt, Thema: Vormarsch der Römer. Die trugen natürlich Schilder und Lanzen und dazu kurze Röckchen. Diese Typen nun, obwohl auch ganz der südländische feingliedrige Männertyp, tragen – Rucksäcke.

Rucksäcke! Lassen zwar dem Mann die Hände frei, hatten aber bis heute immer was zwischen schratig (Styling: Seppl im Aufstieg aufs Hörnli) und kindlich (was schleppt Anton-Louis da eigentlich rum, etwa seine Kieselsammlung?). Rucksack zu tragen birgt immer ein Risiko. Der Rucksack kommt, anders als eine Trapèze-Bag von Céline, die im Sale maximal von 1500 auf 1455 Euro reduziert wird, also jetzt für gebrauchte Modelle, ein Rucksack kommt preislich kaum über einen Hunni hinaus und eignet sich deshalb nicht dazu, ein soziales Ranking herzustellen. Unvergessen die süße Anekdote, als der kleine Willi morgens im Abmarsch zur Schule nachdenklich einen dunkelblauen Rucksack in der Hand wog, der zwar seinem Rucksack verdächtig ähnlich sah, aber doch der von Papa war, der seinerseits im Seminar vor seinen Doktoranden die Schulhefte eines Fünftklässlers erst aus-, dann errötend wieder einpacken musste. Der Rucksack eines Alphatiers kann dem Rucksack eines Schülers zum Verwechseln gleichen, auch wenn es jetzt ein oder zwei Firmen gibt, die versuchen, dem gemeinen Rucksack etwas Glamour abzugewinnen. Im Zweifelsfall hat dann aber der kleine Willi das angesagte Teil.

Nun neue Lage. Wie reagiert der Eingeborene auf die Rucksack-Provokation des Neubürgers? Was setzt er ihr entgegen? In der Vergangenheit ist zum Thema Männer-Bag schon einiges versucht worden. Ich erinnere nur ungern an die Objekte, die im Format eines Taschenbuchs auftraten und mit Hilfe eines Riemens am Männerhandgelenk baumelten. Dann diese Köfferchen! Imitate eines Accessoires von Bankern, von denen einige die Akten selber tragen mussten, nachdem der Posten Aktentaschenträger aus den Bilanzen getilgt worden war. Köfferchen wurden subito ein Statement für Underdogs. Etwa: ein Typ auf'm Bau, der seinen Metallo mit wichtiger Miene aufschnappen lässt, der für alle sichtbar leer ist bis auf das Butterbrot, das ihm Mutti geschmiert hat. Man findet zwar heute auf Online-Styleportalen auch minimalistische »Portatablet«-Taschen, handgearbeitet aus Milano, in Orange oder Lapislazuli, aber der Verkaufstext atmet noch jene typische Verspannung, die beim Thema Männertasche wohl unvermeidbar ist: »Hohe Ansprüche sind eine Notwendigkeit, denn die Tasche sollte unsere Bedürfnisse in Funktionalität und Ästhetik erfüllen und sich gleichzeitig gegen prüfende Blicke von außen behaupten können.« Puhhhh.

Wohin das führt? An die Obergrenze des Erträglichen, wie Horst Seehofer nicht müde wird zu betonen, also im Härtefall, wie man auf Twitter lesen konnte, bis hoch nach Flensburg. Unklar ist, ob sich Seehofer unter Flensburg etwas vorstellen kann, oder wie man dort zu Typen steht, die, egal welches Billigmodell sie auf dem Rücken haben, jene grenzüberschreitende Fitness verströmen, die sich an hässlichen Geräten im dritten Stock eines Bürohauses leider nicht antrainieren lässt. Nicht mit dem besten Cardio-Beat! Das ist, Männer, natürlich gänzlich unverzeihlich und gemein!

PATRIARCHAT
AUF HIGH HEELS

Es gab Nachfragen, deshalb nun genau: Wie alt bin ich? Bitte sehr: Ich wurde um 3.25 Uhr am Morgen des 19. November 1952 geboren. Seither mussten zwei Zähne ersetzt werden. Es gibt einige Strähnchen im braunen Haar (beides Natur). Es gibt eine 2,3 Zentimeter lange Narbe am Bauch (rechts, Blinddarm), eine U-förmige Narbe am Knie (links, Motorradunfall) sowie eine, die durch Dammschnitt entstand (mittig, am 6.2.1988). Sie möchten es noch genauer? Hallo?

Die Frage tauchte tatsächlich auf, weil ich mich gelegentlich zu den Themen Männer äußere und zu Frauen und Kindern, zuletzt einmal über #regrettingmotherhood, ein Twitterlabel, unter dem Frauen abjammern, wie Kinder das Leben versauen. Einige fanden den Artikel toll, andere nicht. Männer! Eine, die 33 ist, sagte, der Artikel sei toll, aber sie wolle zu diesem Thema Kinder eigentlich keine alte Frau hören. Age-Bashing! Und einmal sind Männer entschuldigt. Dies ging von Frau zu Frau. Und keine Premiere leider. Aber interessant!

Was ist jung – oder alt? Was darf man sagen, als Frau, als Mann, wenn man 63 ist? Oder 33? Wer verbietet wem den Mund? Also, als ich jung war, durften Frauen gar nichts sagen, weder junge noch alte. 33-jährige Frauen waren mittelalt – aus Sicht der 33-jährigen Männer. Und ihrer Frauen. Frauen fanden damals immer exakt das, was ihre Männer fanden. Nun, mich würde es natürlich bitter treffen, wenn ich mit 63 nichts sagen dürfte. Es ist gerade vier Jahre her, dass ich herablassend »Mädel« genannt wurde; von einem, der fünf Jahre jünger ist als ich!

Als ich jung war, musste man auch blond sein – als Frau, aus Männersicht. Modell Brigitte Bardot. Blond und stumm. Blond galt zugleich als blöd, was sich zu einem Kreis des Schweigens addierte, der Rest sind Blondinenwitze. Ich teilte, als Braune, leider lange die Vorurteile gegen Blonde. Neulich steckte mir dann eine Freundin, Ella, dass 90 Prozent aller Blonden gefärbt sind, also fast alle außer Ella, die echt blond ist und viel redet, also kluges Zeug. Blond sei ein »rezessives Merkmal« et cetera. So viel dazu. Meine Entschuldigung an alle Blonden! Das gilt jetzt nicht für Trump!

Ich finde es prima, wenn Frauen, blond, braun, alt, jung, das Wort an sich reißen. Mich eingeschlossen! Niemand benutzt es schärfer als Vivienne Westwood, die mit 24 Jahren ihr Haar punkig weiß trug und dann flammend rot und jetzt strahlend altersweiß und sich mit ihren 74 Jahren nicht den Mund verbieten lässt, weder zu ihrer mütterlichen Performance (mäßig) noch zum Global Warming (hot!). Zieht sich dafür sogar nackt aus. Mein Idol! Na, jetzt mal keine Angst.

Wenn ältere Frauen nichts mehr sagen dürften, speziell zur Kinderfrage, ergäbe sich ein Problem: weil junge Frauen in der Regel ja kaum Kinder haben. Das Erstgebäralter liegt in Deutschland bei 30,9, bei Frau mit Abi bei 33,9 Jahren. Bis Frauen Erfahrungen mit Kindern haben, sind sie schon in der Schweigezone. Weshalb zu #regrettingmotherhood auch 70-Jährige befragt werden. Es ist der G-Spot der Debatte, dass Kinderhaben »Lebenslang« bedeutet. Es fühlt sich auch ein Leben lang anders an, je nachdem, ob das Kind ein Schreibaby ist oder ein Erstklässler ohne Vorderzähne oder ein schläfriger Pubi oder eines, das schon die Briefe an die Telekom-Anwälte übernimmt. Der Diskurs über Familienfragen könnte komplett versiegen, wenn ältere Frauen einen Maulkorb bekämen.

Es wird behauptet, und hier kommen wir zurück zum Thema Männer, dass Männer das toll finden würden, also ältere Männer. Ältere Männer, so das Vorurteil, fänden ältere Frauen also ewig nervig. Ältere Frauen erinnerten ältere Männer immer an Mutti, daher der Trend des älteren Mannes zur jüngeren Frau. Ich halte das für eine Unterstellung. Sie legt nahe, dass jüngere Frauen, um Mutti auszustechen oder sich für ältere Männer geschmeidig zu machen (#ElektraSyndrom), ihnen signalisieren, dass auch sie ältere Frauen nervig finden. Das Age-Bashing älterer Ladys durch jüngere wäre somit ein Frauen-Service für ältere Männer. Das Patriarchat auf High Heels. Sehr old style. Aber können junge Frauen old style sein? Also, hierzu schweige ich. Unser Thema sind ja die Männer.

GOOD GUYS,
BAD GUYS

Bin gerade ein bisschen in New York. Auf dem Broadway läuft ein tolles Musical, »Shuffle Along«, Wiederauflage von 1921, das damals mit Aplomb Schwarze auf die Bühne brachte und eine Kulturrevolution auslöste. Harlem Renaissance! Barack Obama hätte das Weiße Haus nicht so locker bespielen können ohne diese Vorlage von Miller & Lyles und Sissle & Blake, schwarze Gentlemen-Composer und Tänzer, die Tuxedo trugen, als wären sie darin geboren, und Leute auf die Bühne stellten, die man irgendwie doch noch ein bisschen für Sklaven gehalten hatte, jedenfalls äußerst dienstboten- und nebenrollengeeignet. Die steppten plötzlich in leichtfüßigen Formationen über die Dielen und zeigten White America, was Tempo und Witz ist. Ragtime! Boogie-Woogie! Huuuch! Auch letzte Woche gab es ein Gewitter von frechen Gesten. Kaum waren die ersten fünf Minuten um, da sagte einer: »Prima, dass auch wir jetzt Demokratie haben! Wenn natürlich leider ohne wählbare Kandidaten.«

Johlen und Gekreische! Das Auditorium, darin nicht wenige Schwarze, tobte!

Was musste nicht alles passieren, damit in Amerika schwarze Typen ins Theater durften, also durch den Haupteingang? Ein Bürgerkrieg. 150 Jahre Civil Rights

Movement. Als ich Kind war, wurden in Amerika schwarze Kinder in Kirchen abgefackelt. Nur weil ihre Eltern das Wahlrecht verlangten. Zuletzt konnten sie entscheiden zwischen einer sehr weißen Lady mit dem sehr überheblichen Gestus der alten Oberschicht, wahlweise ein Trump. Das ist bitter für Frauen, die sich ja unter Frauen an der Macht immer gern etwas Wildes oder zumindest Sympathisches vorgestellt hatten. Besonders bitter ist es für Männer. Amerikanische Männer. Kerle. Einst die Beschützer der Welt. Patrouillierten über die Meere. Bombten im Irak, erledigten Osama bin Laden. Liefen im brennenden World Trade Center Tausende von Stufen hoch, um Menschen aus der Hölle zu holen, räumten danach auf. Und jetzt: Trump.

Man kann sich fragen, was tut der in einer Männerkolumne. Wie viel an Trump ist Mann? Neulich lief auf YouTube ein Meerschweinchen herum, es trug einen Wanderstock, die Bildunterschrift lautete: Trumps Haare hauen ab. Ich sprach mit einer Frau, die seit zwanzig Jahren in New York lebt und illegal putzt, eine aus dem Millionenheer von illegalen Putzen und Nannys und Gärtnern, die auch Reißaus nehmen will wie das Trump-Meerschweinchen. Womöglich läuft es dann ja so – alle Superreichen könnten ebenfalls abhauen und ihren Illegalen nachreisen, ansonsten müssten sie ja selber ihre Glasfassaden putzen. Und was bliebe von Trump, wenn all seine Fans nach Mexiko sind? Hinter der Mauer? Und auch das Meerschweinchen über alle Berge ist und ihm noch einer die Blondine klaut? Ein alter Clown ohne Haare.

154

Man geht durch New York, und da ist so eine Stimmung. Gestern blieben Aberhunderte von Autos liegen. Auf der 8. Avenue war ein Restaurant ausgebrannt. Italiener, na ja. Die Feuerwehrmänner hatten weiträumig abgesperrt, vier, fünf Häuserblocks. Es war um den kleinen Italiener herum so etwas wie ein kleines Ground Zero entstanden. Eine Ödnis, und um die Ödnis herum, so weit die Augen blickten, ein Meer von Autos, zumeist riesige, schwarz glänzende SUVs. Ab und zu Hupen. Meistens aber Stille. Da war so eine sepulkrale Ergebenheit. Ich ging an der Brandstelle vorbei und sah vor dem schwarzen, löchrigen Gebäude Feuerwehrmänner stehen, sie standen, zwanzig, dreißig Kerle, aufgereiht, brav nebeneinander, Zeh an Zeh, ein bisschen so wie die Abstiegsmannschaft beim Elfmeter vor dem Tor, wenn schon alles verloren ist. Sie standen da, in diesen bulligen Monturen, Köpfe gesenkt. Männer! Es wirkte so traurig, wie ein Abschied von irgendwas, aber doch auch sehr männlich und würdevoll.

BOYS WILL
BE BOYS

Gelten ja als wortkarg. Jungs sind bekannt dafür, dass sie schon im Vorschulalter gerade mal die Instrumente zeigen (»Wie viele Geschosse hat dein Pizzapanzer?«), dann stumm zur Sache kommen, also ballern. Anders als Mädels mit ihrem ewigen nervigen Geplapper: »Dann sagte ich« und »und dann sagte er«, vor dem erwachsene Männer später so oft ins Zuhörertum fliehen. Das gilt nicht für Wissenschaftler und andere Kulturschaffende. Eine Plauderkaste eigner Ordnung! Für die männliche Kultur-Logorrhö wurde die Zeitfigur des Experten erfunden, um sie medial in Bahnen zu lenken, erträglich nur, solange Frau Maischberger als Zuhörerin abgestellt ist und man den Sender frei wählen kann. Jetzt erscheinen Männerplaudereien aber als Buch. Gedruckt, für die Ewigkeit, was Experten so dahindenkend über die Lippen flutet. Neben mir liegt das Bändchen Felsch/ Witzel *BRD Noir.*

Philipp Felsch ist ein sogenannter junger Wissenschaftler, also Jahrgang 1972, und Frank Witzel ist Träger des Deutschen Buchpreises, Jahrgang 1955. Ihrer beider Thema ist die Bundesrepublik Deutschland, Jahrgang 1949, also die Zeit zwischen der Jugend von Witzel und der Jugend von Felsch. Auch meine Jahre! In der Bonner Republik! Meine Heimat! Anders als die

Herren bin ich nämlich dortselbst geboren, auf dem Bonner Venusberg, was jetzt vielleicht als Anbiederung rüberkommt, aber das Hügelchen heißt wirklich so.

Das Gespräch von Felsch/Witzel ist formatiert als Männergirlande. Eine typische Gedankenbewegung erfolgt im Stile von »Mir kommt eine Artikelserie in den Sinn, die Karl Heinz Bohrer in den frühen achtziger Jahren im *Merkur* veröffentlicht hat«. Man angelt sich von Herrn Bohrer und Herrn Heidegger über Pierre Bourdieu zu Konrad Adenauer und Wim Thoelke zu Marcel Proust und Oberleutnant Helmut Schmidt und immer wieder gern zurück zu Bohrer. Warum nicht. Es kommen auch Haribos vor und Nimm2. Nur Frauen sind abwesend. Also fast. Auf Seite 11 erscheint eine »Serviertochter« (bayerisch), die Eduard Zimmermann gezeugt habe (unehelich). Auf Seite 32 raucht eine Frau von der Caritas eine Kim. Es gibt eine Frau bei Edeka, die Männer verführt. Erwähnt wird JFKs gestörte Schwester Rosemary anlässlich ihrer Lobotomie.

Irgendwas geht hier vor. Aber was? Gucken wir ins Buch: »Das erinnert mich daran, wie Heiner Müller über Ernst Jünger gesagt hat: Bevor Frauen zu einer Erfahrung werden konnten, kam ihnen der Krieg zuvor«, heißt es an einer Stelle. Aber was wäre hier der Krieg? Führen die Boys ihren kleinen Geschlechterkrieg? Verstellt ist ausgerechnet der Blick auf die Sixties, die adornesk in allen Shades of Grey entfaltet werden, als klammiger Verblendungszusammenhang. Wo doch Uschi Obermaiers Knospenbusen schon den Sixties eine ikonografische Form gab und Mick Jagger die Hüften schwenkte und alle Frauen Lust auf Liebe und Freiheit hatten und mehr – nannte man damals Frauenbewegung. Großer Theorieschub übrigens, Herr Felsch, kommt aber nicht vor; in diesem Buch über unsere Geschichte.

Es gibt in diesem Buch Boris Becker, leider ohne Steffi Graf. Le Corbusier wird gelobt, nicht aber Eileen Gray. Oswalt Kolle, keine Beate Uhse. Hey, noch nicht mal Beate Uhse! Eckhard Henscheid, aber wo wäre denn Marie Marcks? Okay, zwei, drei Seiten zu Hannah Arendt, immerhin, aber Luce Irigaray, neben Foucault? Non. Neben Luther King auch Angela Davis? No. Neben Fassbinder etwa Margarethe von Trotta? Nein!

Ein halbes Jahrhundert – komplett frauenbereinigt. Es ist sozusagen mein Leben, ohne mich. Um es im Duktus des Buches zu sagen: »Demnach wäre die BRD ein Land gewesen, in dem nicht nur der Erwartungshorizont zusammenschnurrte, sondern auch der historische Erfahrungshorizont schwand.« Es ist doch fast komisch. Hätte man nicht erwartet im 21. Jahrhundert, also nach so viel Gender dies und das. Ist aber so, und irgendwie süß, wie sie die Köpfe zusammenstecken. Boys will be boys!

Was soll man sagen? Die spielen doch nur!

DEN MOTOR
ÖLEN

Die gute Nachricht vorab: In Brandenburg, einem Bundesland mit alarmierender Zeugungsmüdigkeit, klopfen in diesen Tagen Störche an Schlafzimmerfenster, um an eine Tätigkeit zu erinnern, die an und für sich nicht ohne Reiz ist. Es sei denn, dies ist die schlechte Nachricht zu Beginn einer EM-Woche, das Jungvolk hat schon für die Nacht des Anpfiffs trainiert und hält das wie Schweini nicht locker durch und ist auch zu sonst nichts mehr fähig. Am Berliner Hauptbahnhof wurde jedenfalls am letzten Sonntagmorgen um 11 Uhr eine Fantruppe gesichtet, die mit gespreizten Beinen auf dem Beton saß und die nach hinten gelehnten Köpfe an der Einfüllöffnung aus Dosen nachfüllte. Wohl weil man mit Schaum im Mund schlecht grölen kann, dröhnte ein Ghettoblaster, der die Ausmaße eines Kindersarges (s. o.) hatte: »Wo du auch spielst, ja wir folgen diaaaaaa ...« Ich bin glücklicherweise zu alt, um das als Drohung zu verstehen.

Eine Fußballsaison bringt Augen zum Leuchten. Also nicht alle. In den Hühnerzuchtbetrieben piepsen, so hört man, Abertausende von Küken angstvoll ihrer Transformation in grillfähige Schlegel entgegen. In der Schweinemast, so die Nachrichtenlage, droht Herzinfarktwelle, einmal die Hitze, andererseits die bange

Gewissheit für viele Schweine, dass in dieser Woche ihr Lebensweg in die Bratwurst münden wird. Bei den Ferkeln herrscht gleich fette Panik. Mit ihren feingetunten Ohren haben sie flüstern hören, dass Spanferkel für das nachbarliche Viewing der Grillhöhepunkt sein soll.

Der deutsche Mann, der Fußball, das Fleisch – sind eine Einheit. Eigentlich erstaunlich. Der deutsche Fan und der deutsche Fußballspieler haben sich weit voneinander entfernt. Hier das faszinierende Spiel fettbefreiter Muskeln, dort das Gewoge einer undefinierbaren weichen Masse. Hier der elegante Sprint, dort das schaumige Gekeuche. Männer! Handelt es sich um Wesen derselben Gattung homo virilis?

Nun, der Spieler hat natürlich nicht wenig getan, um sich in eine Silhouette zu verwandeln, die catwalkfähig ist. Seit Jahren verfolge ich mit Rührung, wie Coachs und Freundinnen diesen Fußballern eine gesunde Lebensführung nahelegen. Rezepte waren ursprünglich nichts als zackige Trainerblaffer wie: »Drei gegen Aubameyang!« Fußball und Gesundheit hatten ein so entspanntes Verhältnis wie Seehofer zu Merkel. Aber selbst in Bremen traf sich doch neulich die F-Jugend, um mit Eltern (!) unter fachlicher Anleitung von Ernährungsexperten (!) zu kochen: eiweißreich, kohlenhydratmodifiziert und fettoptimiert.

Okay, der Ton war lange so bemüht, als ginge es darum, einer Truppe von fettgeringelten Ringern das Häkeln beizubringen (Eier aufschlagen, »nebeneinander« in die Pfanne geben). Dann wurde es lockerer: »Stellt es euch einfach vor wie bei eurem Auto. Das braucht auch das entsprechende Öl, damit es wie geschmiert läuft. Würdet ihr Heizöl einfüllen, begänne der Motor schnell zu stottern und zu streiken.« Typisch deutsch war dann leider auch zu oft von der Darmflora die Rede, und dann dieser Rat, zum Bier statt Chips doch besser Sticks aus Möhre zu servieren. Oder Gurke. Die Leute fragen sich: Ist dies etwa eine, also unsere Gurkentruppe?

Mit ein bisschen Hilfe unserer Freunde aus aller Welt nahm die Sache dann Fahrt auf. Spieler wie Shinji Kagawa, Henrikh Mkhitaryan oder Pierre-Emerick Aubameyang halfen nach mit Gerichten aus ihren Heimatländern, von denen ihre Nachbarn ja schon immer geschwärmt hatten. Heute hört man von deutschen Spielern, die weiche Haferflocken mit Zimtblüte und Butter mit Akazienhonig zu Müslis mischen und Ingwer in Rapsöl frittieren (exakt 170 Grad!). Thunfischcreme wird mit Marillenmarmelade serviert. Und das Topfenmousse aus Heidelbeeren!

So viel Gourmetkunst überfordert den gemeinen deutschen Fan noch ein wenig. Es gibt unbelehrbare Glatzköpfe, die vor Smoothies in tiefem Pink zurückschrecken. Aber, Männer, man weiß doch, wie weit die Liebe des Fans trägt!

ALLE SO
NACKT HIER

Es ist von Kritiker-Seite bemerkt worden, dass meine
Texte nur verstehe, wer zwischen Kaschmir und Seide
oder Champagner und Crémant zu differenzieren ver-
mag und gelegentlich in handgenähte Schuhe schlüpft.
Ein schönes Kompliment, wenn es vielleicht auch nicht
als Kompliment gemeint war, es kann, Männer!, natürlich von einer Frau, in jedem Falle wäre es aber leider
gänzlich unverdient. Aber nun, man könnte es sich zum
Ziel machen – »Nur oberflächliche Menschen urteilen
nicht nach Äußerlichkeiten«, wie Oscar Wilde famously
sagte, eine seiner typischen Albernheiten, deren Tiefe
kaum je verstanden wurde, schon gar nicht als diese tiefe
Verzweiflung, die sich mit Lachen tarnt. Verzweiflung
worüber? Darüber, dass Flachdenker glauben, Gedan-
kentiefe mit einer äußerlichen Mangelästhetik behaupten zu können. Wie viel klüger wäre Europa, hätten die
Engländer ihren und ja, auch unseren Oscar Wilde und
seine Weisheit im Blick behalten – statt sich blenden zu
lassen, von einem Politiker wie Boris Johnson etwa. Look
wie folgt: Hemd verschwitzt, über dem Wanst gebläht.
Anzug als Beule. Haare wie Trump. Sprache: dröhnend.
Wieso also folgten 51,9 Prozent der Briten wie hirnlose
Lemminge diesem Typ in den Brexit?

Vielleicht weil sie der Look an das keltische Rindviech, Bò Gàidhealach erinnert, eine Urform von Britishtum; es hatte sich durch beharrlichen Fortbestand nach dem Sieg der normannischen Invasoren im Jahre 1066 widersetzt, auch wenn die am Hof bald elegant Französisch parlierten. Womöglich triggerte Johnson im Wahlvolk eine kindliche Lese-Erinnerung an *Wo die wilden Kerle wohnen* an Prolls, die im Mittleren Westen einstmals Kohle schürften und doch, verdreckt, wie sie waren, zarte silberbestäubte Aurikeln züchteten – echte Unterschicht, der Margaret Thatcher das Rückgrat zertrat. Männer, merken! Der Boris-Look wäre so betrachtet nichts als eine Männer-Camouflage, etwa so echt, wie es ein Eton-Schnösel eben hinkriegt, der seine Upper-Class-Freunde vom berüchtigten »Riot Club« zum Wiehern bringen will.

Dann, the day after. Boris muhte tölpelhaft Ähs und Öhs. Vorher hatte er allerdings ein gebügeltes Hemd angelegt. Sieh an bzw. hin! Schlips akkurat gebunden, als würde er sich für einen Job in der City of London bewerben, deren Zukunft er gerade geschreddert hatte. Der Typ wechselt die Ideen wie seine Kleider. Eigentlich ist er immer nackt.

Johnson war auch nicht der Einzige, der in diesem Jahr unverhofft im Freien stand. David Cameron, britischer jetzt Ex-Premier! Einer, der sich beim Wetten auf die eigene Karriere gänzlich verzockt hatte und insgesamt Job, Königreich und Europa verlor. Wie bei Shakespeare, aber nicht so gut geschrieben dieser Handlungsablauf. Cameron hatte ganz stylisch zum Rücktritt ein blau-weiß gewürfeltes Hemdchen über seine Blöße gezogen und gab den harmlosen Schulbub! Und klüger geht es auf dem Kontinent in diesen Tagen leider auch nicht zu. Was soll man denn davon halten, dass die Bertelsmänner in einer Umfrage von den Bürgern wissen wollen: »Wünschen Sie sich mehr oder weniger Integration in der EU: Ja – Nein – Vielleicht?« Hä?

Bei der Deutschen Bank verzockten sich die Banker um 3000 Arbeitsplätze, vermutlich 4000. Weg sind sie, also die Arbeitsplätze. Bei VW laufende Ermittlungen gegen die Oberbosse Winterkorn und Diess wg. Marktmanipulation. Wenn man also Herren mit exakt gezurrtem Schlips sieht – ist auch immer Vorsicht geboten! Wegen Anfangsverdacht auf vorgebliche Oberflächen-Kontrolle!

Wer einen Kerl will – soll Theresa May nehmen! Schlug jedenfalls Theresa May vor. Die britische Innenministerin trug, als sie ans Mikrofon trat, um sich um die Nachfolge des Premiers zu bewerben, einen geschneiderten Herrenanzug aus Schottenwolle: Hosen so weit, wie der Style »Marlene« hergibt. May ist eine Virtuosin im Spiel mit der Oberfläche. Hat sich das Parlament entschlossen, sie peinlichst zu befragen, fletscht sie auf Tiger-Pattern-Pumps heran. Gibt dann den harten Typ – und signalisiert allen potenziellen Dissidenten jenseits des Hadrianwalls, dass die schottische Fahne an ihr wie auf ewig festgezurrt ist. Sie erinnert so stylisch an den blutigen Sieg von Elizabeth I. über Mary, Queen of Scots, die wie die schottische Ministerin Nicola Sturgeon einmal von der Unabhängigkeit Schottlands träumte. Es führte zu Kopflosigkeit. Nun, jetzt, wo sich abzeichnet, dass auch Theresa May sich verzockt haben könnte, ist man natürlich gespannt, wann für sie das Spiel aus ist und was sie zum letzten Gang tragen wird!

Und wir Kontinentale? Nun, Gucci schickt für die neuste Mode den knallgelben Südwester im Unisex-Look auf die Laufstege – in Mailand sieht man die Europäer offensichtlich mitleidig als Kinder, die im Regen stehen, man könnte es für schwarzen britischen Humor halten, wäre es nicht Mailand, und auch ein wenig wahr.

SCHLÄFER
UND ANDERE TYPEN

Natürlich möchte man Trump auch mal vergessen. Im Urlaub, ich bitte euch. Man sitzt in seinem Bergdorf in Italien, die Osteria im Rücken, ein Aperol Spritz umspült die Orangenscheibe, und unten schimmert blau der Lago. Dann hört man es. Hartes Klackern auf altem Pflaster. Böses Hecheln. Das Klackern kommt von den Krallen eines Hundes, das Hecheln von einer Signora. Eine Lady wird von ihrem hüfthohen Köter rüde vorangezerrt. Breitbeiniges Vorwärtsgestake, aufseiten des Köters, es erinnert an volle Pampers, man denkt: Scheiße! Aber nicht Hundescheiße ist hier Thema, das Vieh kann kaum gehen, weil etwas zwischen den Hinterläufen ist – straff aufgepumpte Bälle und davor etwas Langes, darf man sagen: Kanone? Das Grollen steigert sich, molto fortissimo, weil ein anderer, auch nicht ganz kleiner Köter aufgetaucht ist, der kläfft ein erschrockenes Wawawa, im Ergebnis: Quietschen und Aufjaulen, ein Sound, ja, von Todesangst.

Männer! Es wimmelt in Italien, ob im Bergdorf oder auf der Mailänder Piazza del Duomo, von Viechern dieser Art. Allgegenwärtig: drohende, mächtig tuende Schwanzträger. Zu beobachten ist eine bizarre Vorliebe des Italieners für die ihr Kampfhund-Erbe ausspielenden Hunde. Noch fünf Jahre nach Berlusconi! Was geht hier ab? Womit muss man rechnen, jetzt mit einem wie Trump?

»Es droht ein globales Desaster«, schrieb zuletzt der französische Philosoph Bernard-Henri Lévy über die sich am Horizont des Atlantischen Ozeans wie Unwetter verdichtende Trumpgefahr. Der amerikanische Publizist Eliot Weinberger hat seinen scharfen Blick über die mit Trump konkurrierenden, von ihm erledigten Konkurrenten der Republikanischen Partei schweifen lassen – Variationen eines einzigen Typus, der wie am Panzerdrehturm ekstatisch abschießt: auf Schwule, Muslime, Frauen. Die Feministin Susan Faludi, deren Vater sich vor einigen Jahren von Stephan zu Stefánie umwandeln ließ, weil er nicht mehr den macho-aggressiven Mann geben wollte, hat Trump einen Avatar genannt, einen »Ur-Misogyn«. Der Publizist Nils Marquardt hat gleich mal in seinem weichgelesenen Klaus Theweleit nachgeblättert: Thema »toxische Männlichkeit«, Aggressionsschübe als Orgasmusersatz etc. … Nein, wir wollen hier nicht Illma Gores Gemälde beschwören, das den nackten Trump zeigt – mit einem Nüsslein unter dem fetten Bauch. Es ist Urlaub. Ich möchte an einen anderen Nackten erinnern. An einen Schläfer.

Der Typus des Schläfers ist zu Unrecht in Verruf geraten. Dieser Schläfer hier liegt auf der rechten Seite, seine Hände sind zärtlich unter die Wange geschoben. Bisschen Bart, volle Lippen. Augenlider wie zitternd. Ein Goldkettchen hat sich in die etwas feuchten Falten des Halses eingenistet. Gut gezeichnete Muskulatur am Oberarm, Unterarm behaart, Lederriemchen am

Handgelenk. Man kann dieses Bild, das in der Londoner National Portrait Gallery hängt, Stunden und Stunden bewundern. Dann, plötzlich, befeuchtet der Typ seine Lippen. Huch, das Bild ist ein Video und zeigt David Beckham, von Sam Taylor-Johnson im Schlaf gefilmt (2004).

Jetzt lächelt Beckham, wie im Traum. Seufzendes Umbetten der Arme, ein schönes Tattoo wird sichtbar. Ahnt Beckham, dass er beäugt wird? Von uns? Von gegenüber? Dort hat der Prinz von Wales Aufstellung genommen. Das Porträt von Mario Testino zeigt Charles in allen Shades of Grey – eisgraues Haar über staubgrauen Augenbrauen über silbrig grauem Anzug. Ja, Beckham und Charles vis-à-vis. In einer früheren Ära wäre Ballern bis zum Exitus ihrer beider Bestimmung gewesen. Jetzt dagegen: beide im Modus Relax. Eine Abrüstung ist also im Prinzip möglich. Aber es wird nicht leicht sein. Zu viele scharfe Hunde sind unterwegs. Auch das Wiener Bristol hat dies jetzt erkannt und versucht es mit einem Drei-Sterne-Tiermenü: Steak tartare, pochierter Fisch, Fasanenbrust. In der Erwartung, dass sich in einem dem Slow Food hingegebenen Hund ein wenig Milderung verströmt. Ob dies auch bei Trumps wirkt? Bei den Kampfhunden in Italien? Na ja. Die Hoffnung stirbt zuletzt!

ADAM REVISITED

Trump. Erdoğan. Herr Söder in der Badehose. Nicht zu reden von des Herrn Gabriel Stinkefinger als Gipfel der deutschen Debattenkultur. Nun, viele Leute denken in diesem Sommer an Flucht, an Migration, also nicht an Syrer, sondern an das Selber-Auswandern. Fuck the old world!

Die bedrängte Seele flüchtet sich zumindest gedanklich zu Seen und Wäldern, fühlt hin zu Tiefblau und Dunkelgrün, ersehnt sich eine Luft wie Sahne, gern ohne Schwebstoffe. Kanus also statt frisierte Diesel, viele reden jetzt so oft von Kanada, als hätten sie einen zu hohen Michael-Moore-Input gehabt. Wir also: Nichts wie hin! Gucken, wie der Kanadier so drauf ist, ob der Kanadier als Fluchtpunkt männermassentauglich ist.

Ich sitze jetzt also in einem alten Holzhaus, das auf einer Lichtung steht, um die sich, wie staunend, viele hohe Bäume eines Waldes versammelt haben, der bis zum Horizont reicht. Die Bäume blicken auf eine Idylle. Das zweistöckige Haus ist safrangelb, innen neigen sich die Dielen mal in diese, dann in jene Richtung. Vor der Tür liegt Bruce, ein Deutscher Schäferhund. Links hinten reifen Tomaten, im Gebüsch schnorcheln Schweine, in der Farbe Karamell. Auf der Wiese sumsende Bienenstöcke. Zur Rechten machen Pferde vor einer Scheune, die sich wie eine Kathedrale über Apfelbäume erhebt, ihr Pas de deux. Unter den Apfelbäumen schlendert unser kanadischer Adam dahin. Er ist ein untersetzter Mann mit Wuschelkopf und hört auf den Namen Jack. Auf seinem rechten Arm hockt Sam, der hier der kleine König ist. Vater und Sohn gehen zu den Hühnern, Eier sammeln. Was ist hier los?, fragt man sich. Kann das sein, so viel Idylle? Was muss man vorweisen, was können, welche Kompetenzen beweisen für die Paradiesgrenzkontrolle?

Nun, Männer, es ist nicht wenig! Gestern etwa hat Jack eine Truckladung von Holzstämmen zu einem Typen gesteuert, für ein Blockhaus. Jack ist Schreiner. Er behaut mit seinen baumstarken Armen die kanadischen Fichten, bis sie sich wie Schraubzwingen ineinanderkrallen, zu Wänden, die Regen und minus 40 Grad bei bitterem Nordwind trotzen. In den letzten fünf Jahren hat Jack auch sein eigenes Haus auseinandergenommen, innen die Wände gedämmt, außen neu verschalt; die Küche eingebaut, aus schrundigem Altholz, den Kamin, ein schwarzes Ungetüm. Kabel neu verlegt. Trifft sich gut, dass Jack auch Elektrik kann.

Jack und seine Frau Megan haben in der Scheune geheiratet. Eine Zeitlang haben sie die Scheune dann als Hochzeitslocation vermarktet, tolle Partys, 200 Leute und mehr, inkl. Catering. Jack kann ja auch Koch. Spezialität: Pizza. Wurde dann aber zu viel. Das Geld dagegen: wurde immer weniger. Jacks Frau, die Pferdecoach ist, hat neulich ihren Job aufgegeben, um mehr bei Sam zu sein, sie kellnert jetzt auch mal unten am See, wo Jack auch mal Kanustunden angeboten hat. Leider keine

Nachfrage. Der Kanadier paddelt selber, weshalb sich Jack wieder ganz aufs Schreinern verlegt hat.

Dieser Trip mit dem Truck gestern ging so, nun, leider nicht glatt. Kurz vor dem Gipfel des Berges, wo das Blockhaus hinsoll, rutschte der Laster auf einem Felsen nach links ab und hing dann arretiert über dem Abgrund, ein einzelner Baum hat ihn abgefangen; es hat den ganzen Tag gedauert, das Gefährt wieder flottzukriegen. Danach war die linke Seite des Führerhauses weggerissen.

Jack kann heute schon wieder lächeln. Sein Lächeln ist fast so süß wie das von Sam, beider Augen sind blau und voller Vertrauen, in sich, aufeinander und natürlich auf Megan. Was der Mann so braucht, also in Kanada, in den Wäldern. Jack sagt, er sei froh, so viel gelernt zu haben, dass er immer durchkommt, dass er weiß, was wie zu tun ist. Wie Nike so prima formuliert: »Just do it«.

Aber, Männer, man muss es eben auch können, dieses verdammte Tun. Das ist die Wahrheit.

MITTIG BETONT

Ich mag ja Lederhose. Als kleines Mädchen verbrachte ich die Sommer in speckig verdrecktem Kalbsvelours, das Höschen wurde von Hosenträgern gehalten, die ihrerseits über der Brust mit einer Art von ausgestanztem Etikett zusammengehalten wurden. Skandal! Das Dorf stand kopf. Nicht wegen Crossdressing, es war ja ein rheinisches Dorf, Crossdressing war gar kein Begriff, man war auch ganz weit von Bayern entfernt, man wusste doch gar nicht, dass Lederhosen aus Bayern kommen und Männerhosen sind. Kopfstand wegen Fremdlook. Fremde Kleiderordnungen wirken ja noch irritierender als der Fremde. Ist doch so: Man bestellt zwar gern seine Vorspeisen beim Syrer, aber bitte ohne Kopftuch.

Mein Dorf hatte schon viele Fremde aus ehemaligen Ostgebieten aufgenommen, alte deutsche Frauen, die auf den Feldern harkten, die meisten übrigens mit Kopftuch, und dann noch meine Mutter aus Hannover, die oft im Badeanzug mit Schößchen auf dem Rasen Sonnenbäder nahm, also ohne Kopftuch, allerdings indes wusste, was eine bayerische Lederhose war – dass die nämlich nicht gewaschen, sondern nur abgewischt wird, selbst nach dem Besuch des Schweinestalls; dass sie nicht reißt beim Beklettern von Bäumen und Dächern, kurz, unverwüstlich ist, heute würde man sagen: nachhaltig. Meine Lederhose hatte schon meine großen

Cousinen, meinen Vetter sowie meine Schwester über-
lebt und wanderte von mir zu meiner kleinen Cousine,
zuletzt sah ich sie an meiner kleinen Nichte. Die Lederhose ist der Grund, warum ich auch heute noch immer
gern in Richtung Bayern schau. Trotz Seehofer. Ich bin
überzeugt, dass nicht Seehofer, sondern die Lederhose
der Grund dafür ist, dass die AfD in Bayern unter zehn
Prozent gehalten wird.

Die Lederhose beantwortet nachhaltig die Frage, wo
ein Mann noch Mann ist. Natürlich in einer Lederhose,
und zwar der Modelle *Joseph, Fritz* oder *Franz*! Alle be-
wundernden Augen wandern bei diesen Modellen in die
Mitte des Mannes. Dort wölbt sich der sagenumwobene
Hosenladen. Rechts und links langzapfige Stickereien, auf
denen Efeu dicht wuchert. Die Vorstellung eines Waxings
hat glücklicherweise vor der Lederhose haltgemacht. Zwischen den Langzapfen ist ein breiter, deutlich ausgear-
beiteter Mittelteil, auf dem ein Hirsch behänd über ein
Stöckchen springt. So also das Grundmodell. Man trägt
Lederhose heute gern im Vintage Look, also mit Patina,
was natürlich immer auch ein olfaktorisches Element mit
einschließt. Aber: Der Mann in der Lederhose, der sich in
diesen Tagen auf der Wiesn zwischen dem Herzkasperl-
Zelt oder dem Pschorr-Bräurosl entscheiden muss, kriegt
zweifellos auch andere Sachen hin und braucht dafür
nicht das Petry, um zu wissen, wo es langgeht im Leben
oder in der Politik.

Eine Lederhose mit ihren sich immer kess vorwöl-
benden Mittelteilen schlägt die Brücke zurück zu der
verloren gegangenen Sitte unserer Ritter, die ihr zartes-

tes Stück nicht im Panzer versteckten, sondern gern in krass gehämmerten Auswölbungen zur Schau stellten. Die ganz Übermütigen hatten damals dafür auch aus Stahl gearbeitete Hart-Futterale, die im spitzen Winkel dauererektil aus dem Ritterkörper herausragten. Bei allen hitzigen Diskussionen, wer was und wie viel eine Frau im Dirndlkörbchen auszustellen hat, wird ja gern übersehen, dass der Mann heute gewissermaßen unterbeobachtet ist, schon weil die Kleiderordnung der globalen Korporationen den Mann – nun ja, enteiert hat. Anzüge – so eng wie faltenlos. Bleibt höchstens noch der bedeutungsvoll prüfende Griff ins Gemächt, wenn der Mann aus der Herrentoilette wieder ins Freie tritt und dabei gern in die Runde schaut, um sich zu vergewissern, dass alle Augen auf ihm liegen

Der neue Prada-Mann wird jedenfalls in diesen Tagen mit Regenschutz und Rucksack sowie wasserresistenten Adiletten über die Laufstege gejagt – und trägt dazu Spielhöschen aus Jersey, erstaunlich flach anliegend. Bei allem Gezerre um das Kopftuch, der Befreiung der Muslimin zum deutschen Frausein: Wer redet denn mal über die Dschellabas, in denen afrikanische Männer heute durch Bottrop flanieren? Man muss sich schon sehr viel Bauch zulegen, um darunter als Mann nicht ganz zu verschwinden. Männer! Habt Mitleid! Und prüft mir die Lederhosen-Sonderangebote auf Zalando!

KLEIN, FETT, DOOF

Kleine weiße alte Männer – ziehen sich gerade großen Ärger zu. Kleine alte weiße Männer gelten als diese Loser, die einen Trump zum 45. Präsidenten im Weißen Haus machten, alle Finger zeigen jetzt auf den kleinen weißen Mann Amerikas, auf ihn und seine Kumpel, die blöd oder besoffen seien oder gerade wieder Pornos guckten oder auf ihren Pick-ups rumkurvten und in die Luft ballerten, statt eine Doku über die Chancen der Globalisierung zu genießen oder sich im Freedom Fitness Center die Wampe abzutrainieren. Aber Trump wählen! So etwa die Stimmung der Welt im Hinblick auf den kleinen weißen Mann Amerikas.

Ich möchte hier mal was zur Ehrenrettung des kleinen weißen Mannes von Amerika sagen. Es gibt ihn nicht. Also nicht so. Der kleine Mann Amerikas ist eher pigmentiert statt weiß. Der kleine weiße Mann Amerikas starb im Übrigen vor einem halben Jahrhundert an einem der schönsten Strände Europas, am Omaha Beach, er wurde vor der schönen Kulisse von in Granit gebauten Dörfern der Normandie niederkartätscht, 400 000 dieser Männer gaben ihr Leben, um die Welt vor einem Typ zu retten, der mit sabbernden Versprechungen wie »Ich mach euch Jobs«, nun, damals den Deutschen den Verstand weggeblasen hatte. Okay, diese Männer waren mehrheitlich weiß und irgendwie klein, so um die zwanzig. Eigentlich

Kids. 400 000 dieser Kids kriegten somit überhaupt gar keine Chance, sich zu diesen alten Männern auszuwachsen, die man jetzt beschimpft, und viele von denen, die es zurück nach Hause schafften, waren auch erledigt. Denn ihr Zuhause war oft kein Zuhause mehr, nach ihrem Auslands-Sabbatical waren die Jobs weg, in denen ein kleiner weißer Mann mit ehrlicher Arbeit ein Haus und eine Familie hätte unterhalten können. Arthur Miller hat diesem abgehängten Typ ein Theaterstück gewidmet, 1949, er hat seinen Helden Willy Loman genannt, Lo wie *low* – tief, also Low man wie »tief am Boden«, am Ende lag er im Grab. Suizid. Tod eines Handlungsreisenden. Aus die Maus.

Vielleicht ist es die Schuld von Heinz Rühmann, der 1968 den Willy gab, oder von Dustin Hoffman, der ihn 1985 so spielte, dass alle glauben, der kleine weiße Mann sei gar nicht tot. Vielleicht ist er uns so präsent, weil Bruce Springsteen ihm unentwegt ein Lied nach dem anderen singt, Glory days, well they'll pass you by … Springsteen hat übrigens Trump einen »verdammten Narzissten« genannt, einen »Volltrottel«, es wirkte, als wollte sich Bruce stellvertretend vor alle kleinen alten weißen Männer werfen, um ihre Ehre zu retten. Aber wie? Sie sind doch nur Geister, die als Schießscheiben dienen, um den Blick auf den Background zu verstellen, wo big white guys ihrem Trump viel mehr gegeben haben als ihre Stimme. Typen wie Peter Thiel, der Silicon-Valley-Hecht, Paypal-Gründer, der laut *New York Times* gerade 1,25 Millionen Dollar für die Trump-Kampagne rübergeschoben hat. Portokasse, aus einem Vermögen von Milliarden.

Robert Mercer vom Hedgefonds Renaissance Technologies gab 19,5 Millionen, der Kasino-Boss Sheldon Adelson schob zehn Millionen rüber, der Hühnerschlachter Ronald Cameron gab als Anzahlung für seine Stimme zwei Millionen. Und Bernie Marcus: Fünf Millionen Dollar, verdient in seinen Baumärkten The Home Depot. So gesehen morphen natürlich die kleinen Leute Amerikas schnell mal zu Trump-Supportern, schon wenn sie ein Päckchen Nägel einkaufen, zwei Glühbirnen dazu, zack, schon ist man dabei.

CNN hat sich neulich aufgemacht, um Trump-Supporter etwas besser zu fokussieren. Man sah dann den Reporter beim Cocktail. Ihm zur Rechten und zur Linken viel wallendes Haar in der Farblinie blauschwarz oder goldweiß, Lippen polstrig wie Bagel, Wimpern fedrig wie Handfeger. Viel Rouge. Tiefe Stimmen faselten was von tiefem Glauben an Werte und an Gott, den sie wohl Donald nennen, alle wirkten leicht kinky, aber, liebe Männer, sie waren vielleicht weiß und nicht mehr ganz frisch, aber wirkten doch eher wie Frauen.

DIE TRÄNEN
DES BARACK OBAMA

Neulich wollte ich ein wenig singen. Weil das am besten geht, wenn jemand unerschrocken mitschmettert, habe ich einfach mal Aretha Franklin gegoogelt. Was poppt auf? »Aretha brings President Obama to tears.«

Aretha sieht in diesem Video aus, als hätten die Härten des Lebens sie weichgeschleudert. Über der schwellenden Masse, die Aretha jetzt ist, spannt sich ein Glitzerkleid, man kann den Brustansatz sehen, der sich breit wie der Mississippi in den tiefen Ausschnitt stürzt. Kaum steigen die ersten Töne auf (simultanes Aufstöhnen des Publikums), da schwenkt die Kamera zu den Obamas, die in einer Loge sitzen. Und Barack macht seine kleine, seine süße Tränenabwisch-Bewegung. Die schmale Hand kommt hoch – flinke Drehung um die Achse des Zeigefingers, und: Wusch. Wieder, Hand hoch, Drehung, tupf und wisch. Links, rechts. Obama weinend.

Manchmal frage ich mich in diesen Tagen, wie es ihm geht; ich nenne ihn innerlich dann Barack. Hält er durch? Wütet er, weint er mal? Zuckt er, wenn ein »Bling« auf dem Smartphone einen neuen Tweet aus dem White House ankündigt? Was muss eigentlich passieren, das den ehemaligen Präsidenten der Vereinigten Staaten zu Tränen rührt? War es Arethas »Looking out on the morning rain, I used to feel so uninspired«?

Nein. Es war die Zeile: »And when I knew I had to face another day / Lord, it made me feel so tired …«

Noch so ein Tag! Mein Gott! Da weinte Obama, es war übrigens noch vor Trump, ein ganzes Jahr vor Trump. Es gibt ein Video, das achtmal präsidiales Weinen zeigt. Man sieht Obama, wie er am Sarg von Beau Biden weint. Beau wer? Das war einer der vielversprechendsten jungen Politiker Amerikas, Sohn von Joe, Obamas Vize, einer, an den Obama vielleicht gern den Stab weitergegeben hätte. Aber nun tot. Beau Biden habe Würde und Integrität gehabt, sagte Obama: »Und das ist nichts, was man sich kaufen kann!« Und weinte.

Obama weinte, als er Eric Holder verabschiedete, einen aus der Liga »erster Schwarzer«, in der ja auch Obama spielt. Holder war der erste schwarze Generalbundesanwalt Amerikas. Einen Mann in einer Position von Macht zu haben, der für das Richtige kämpfe, das sei verdammt selten, sagte Obama, er sagte »verdammt« nur so im Ton, während er sich die Tränen abwischte. Der Einsatz für das Gute und Richtige sei »etwas, was unsere Zukunft in einer Weise formt, die wir vielleicht noch gar nicht verstehen«. Obama weinte am Sarg der Menschenrechtsaktivistin Dorothy Height, die eine der schwarzen Lichtgestalten im Kampf gegen den Rassismus war und mit 98 Jahren starb. Obama weinte einmal, als er in seiner Wahlkampagne 2008 von seiner Oma sprach, als er erzählte, wie sie sich für die Familie den Arsch aufgerissen hatte, während die Weltwirtschaftskrise durchs Land zog; er weinte, als er 2012 über all die Putzfrauen und Köche und die kleinen Angestellten sprach, die abends kaputt nach Hause kommen und jemanden brauchen, der sich für sie einsetzt, einen Champion. Vielleicht, sagte Obama damals, brauche auch der Präsident einen Champion, der für ihn einsteht, wenn es mal eng wird.

Nach jedem Massaker in einer Schule oder einem Shoppingcenter wurde es eng. Obama nahm dann Rekurs auf die Bibel, etwa »Heal the brokenhearted and bind up their wounds«. Aber seine Stimme blieb flach, die Sätze waren kurz, die Miene starr, während er sprach und sich, wieder und wieder, die Tränen abwischte. Auf gewisse Weise hat Obama das Weinen für Männer neu erfunden – als eines, das die Standhaftigkeit eines Mannes zeigt, bei dem, was ihm wichtig ist.

Es hat zuletzt im politischen Leben Amerikas und sonst wo natürlich nicht an Emotionen gefehlt. Es wurde gedröhnt und viel geschrien, aus Leidenschaft oder für die Glotze. Die alte Gender-Idee, dass der Mann rational ist und Hysterie weiblich, ist ja schon lange ausgesetzt. Wie also würde Obama Abschied nehmen – vom Weißen Haus, von seinen Träumen, das hatte man sich natürlich gefragt. Nun, nach der Wahl stand er am nächsten Morgen im Garten und scherzte. Er habe versprochen, die Sonne werde aufgehen wie immer: et voilà! Mir kamen die Tränen.

TERRITORIALE
AGGRESSION

Mannomann! Die Kinder sind aus dem Haus, alle Haargeltuben entsorgt, sämtliche *Harry Potter*-Bände verschenkt – und jetzt die Wiederkehr von Dem, dessen Name nicht genannt werden darf. Die Welt will sich verstecken und kann nicht. Wo liegt die Reichweite eines bad guy? Gute Frage. Die Luft ist getränkt mit Testosteron wie die Startbahn eines Militärflughafens mit Kerosin. Wer kann, rechnet jetzt nach, wohin weht der Wind, wann ist wo mit Fallout zu rechnen? Auf der Südinsel von Neuseeland hatten furchtsame Amis nur Wochen nach ihrer Präsidentenwahl schon die letzten Ferienhäuschen aufgekauft. Ja, ja, man kann sich die Augen und Ohren zuhalten und wegwünschen und sieht doch wie eingebrannt das Bild, wie kleine Männerhände mit einem länglichen Objekt herumfuchteln, scharfes Auf- und Abgeruckel, dann wird etwas Weißes vorgezeigt, wieder ein neues Dekret, nur der Inhalt ist immer derselbe. Fuck the World!

Die Welt, also die Zeitung, hat Dem, dessen Name nicht genannt werden darf, einen Spitznamen verpasst: der Dekretin. Jajaja, keine Witze über Behinderte. Aber man freut sich heute über jedes Kichern. Es gibt so viel, was einem jedes Lächeln im Gesicht erfrieren lässt, und das mindeste davon ist noch: Der meistgeklickte Männertyp ist so fett.

Mir ein Rätsel, warum Diktatoren so hässlich sind. Der klassische Diktator hat immer eine Mangelfigur. Formlos (der neue). Geschrumpfte Hodengarnitur (unser alter). Schlechten Haarschnitt (Stalin). Keine Haare (Assad). Als ich diese These in kleiner Runde testete, wurde der Einwand erhoben, Gaddafi sei als junger Spund supersüß gewesen. Stimmt. Aber da war er noch kein Diktator. Als er einer war, sah er aus wie ein Zirkusdirektor, der in seinem mottenzerfressenen Zelt darauf wartet, dass die Drückerbande mit einer Handvoll Dollar zurückkommt, die sie weichherzigen alten Damen für das Füttern der Elefanten abgeschwatzt hat.

Ich gehöre zu einer Generation, die noch nicht mit Kinderbüchern zugeschüttet wurde. Als Primärlektüre gab es für uns ein (1) Bildchenbuch. Die Nibelungen! Herausgeber war eine Haferflockenfirma, weshalb meine Mutter als junge Frau viel Porridge aß und dabei sorgsam die Siegfried-Täfelchen aus der Packung holte und in ihr Buch einklebte. Die Bildchen zeigten einen schnittigen Typen hoch zu Ross, man bewunderte ihn dafür, wie er in der einen Hand die Zügel hielt und in der anderen einen hübschen Schild ausbalancierte, während die in Kettenstrumpfhosen steckenden schmalen Beine zu Steigbügeln führten, in denen sich Schnabelschuhe mit den Fersen nach unten durchdrückten. Die Botschaft war: Der Schöne ist der Gute. Das Gute im Mann zeigt sich in seiner Schönheit. Diese Herrscher konnten dichten! Liebeslyrik!

Nein, ich plädiere nicht für eine Rückkehr ins Mittelalter. Aber es hatte doch Vorteile. Etwa: Beschränkte

Waffenwahl! War ein Konflikt durch Diplomatie nicht zu lösen, mussten auch mal die Heeresführer ran, zum Duell vor gespannt zuschauenden Hundertschaften. Das konnte so oder so ausgehen. Ein riesiger Trumm schmeißt sich, wie im Burghof trainiert, auf seinen Kontrahenten, etwa einen kleinen asiatischen Aggressor. Oder, andersrum: Der kleine Asiat schreit »DIK! SIK! YA!«, und unser Trumm liegt plötzlich auf dem Rücken und kommt, durch ungünstige Verteilung von Bauchfett, einfach nicht mehr hoch. Jubel, Heiterkeit, Applaus!

Es waren die Zeiten, in denen, wie bei Shakespeare berichtet, bei Schlachten auch mal 10 000 feindliche Soldaten auf dem Feld blieben und ein Überlebender ins nächste Dorf geschickt wurde, um die Botschaft zu überbringen. Fußläufige Verbreitung von Nachrichten! Ins nächste Dorf! Die von einer Schlacht noch gar nichts wussten!

Klar, Eindämmung ist als politisches Konzept vorbei. Der, dessen Name etc., hat sich viral verbreitet, ist jetzt eigentlich überall. Vor zwei Tagen wurde ich fast von einem Panzer niedergemäht – er bretterte über den Bordstein auf den Bürgersteig, kam eine Handbreit vor mir zum Stehen. Als ich eine Beschwerde wimmerte, grölte es aus dem SUV: »Also, ich wohne hier!«

Territoriale Aggression. In Hamburg! Die Person war übrigens, soweit man sie in der Höhe sehen konnte, knackig trainiert und supergestylt. Kein Mann, eine Frau. Ja, der schlimmste Trump sitzt in uns allen. Ups, jetzt ist es doch raus.

REINE
GEFÜHLSSACHE

Zähne blecken, brüllen, kreischen – und dann bücken, Schuh vom Fuß reißen und ihn RUMMMS auf den Tisch geknallt: Das Kinderspiel hieß Chruschtschow und war *der* Kracher. Wir kugelten uns vor Lachen, wir schrien vor Vergnügen – glucksen, auslaufende Kiekser, noch mal schniefen und dann wieder, Schuh hoch, WUMM, WUMM, WUMM, bis die Erwachsenen sich jetzt aber endlich Ruhe ausbaten! Der durchknallende Politiker war mal der Joke an sich. Erstaunlich, Hitler war ja noch nicht so lange her. Die Erwachsenen hätten noch sein hochgetuntes Gejaule im Ohr haben können. Wollten sie aber nicht. Politik und Gefühl waren so *out*. Männer ohne Worte waren so *in*. Typen, die schwiegen bis zur Paartherapie oder Kardiologie. Politiker machten einfach ihren Job. Ausnahme: Sex. Na ja. Also ich sag nur: Kennedy.

Brandts Kniefall in Warschau funktionierte ja, weil es nicht die Regel war, das Überwältigtwerden von Emotionen, und noch nicht so wirkte wie eine Regieanweisung von RTL. Was also ist passiert, dass ein Erdoğan jetzt Nazi-Vorwürfe rausheult wie ein Fünfjähriger, dem Mamas Handy entrungen wurde, im Sound von »Ich hassehassehasse euch alle!«? Und keiner, der einfach lacht? Ein amerikanischer Präsident, der Hass und Wut rausknallt wie ein Gebrauchtwagen, der fehlzündet – und jeder zweite Amerikaner applaudiert? Monsieur Fillon, der Filou, wird beim Schummeln erwischt und kreischt »MORD!«. Ein Paradigmawechsel hin zum hysterischen Mann hat stattgefunden. Aber wieso?

Eine gern ventilierte Theorie ist, der Siegeszug der 68er habe Schuld; weil die in ihren selbstgestrickten Schlabberpullis ja sowieso allem ihren Stempel aufdrückten. Die Pullover seien zwar inzwischen ein Opfer von Motten geworden, durchgesetzt habe sich aber eine fatale Political Correctness, die den Mann zwinge, nach jedem Koitus die Orgasmusqualität der Frau zu erfragen, anschließend laufe er mit weich gefedertem Knie und Baby im Beutel rum und müsse seine echten knallharten Männergefühle unterdrücken. Bis sie als Verpuffung rauskommen! Hmm.

Theorie 2: Eine Variante von eins, fokussiert aber auf Emanzipation. Vor der Emanzipation war Hysterie eine reine Frauensache. Bevor es Emanzipation gab und noch kein RTL-Vorabend-TV, musste man bis Paris fahren und konnte dort in der Irrenanstalt Salpêtrière zuschauen, wie ein Monsieur Charcot bei leicht gekleideten Insassinnen auf über den Körper verteilte G-Spots drückte und so ein Ausrasten (Kreischen, Brüllen) sowie ein geiles Sichwinden auslöste. Zuschauer: Strindberg etc. Heute tragen indes auch Frauen straffe Herrenanzüge, wirken darin eisern wie Mrs May, erlauben sich allenfalls ein siegesgewisses Grinsen. Die Gefühlsshow sei deshalb notgedrungen auf Männer verschoben worden (schon weil Frauen sich das nicht erlauben könnten, ohne hysterisch zu wirken, s. o.).

Theorie 3 besagt, dass der gefühlssiedende Mann nicht so neu ist, wie jetzt empfunden. Mal auf die Gesichter der Broker auf dem Floor der Börse geachtet? Der Schweiß auf der Stirn, die postkoitale Rötung der Wangen? Kühl überlegte Geldanlage sieht anders aus. Ein Auftritt von CEO Richard S. Fuld jr., der die Titanic-Versenknummer der Lehman Brothers inszenierte, wirkte doch wie Charlie Chaplins Diktatorparodie. Schreien, bis die Spucke fliegt! Dem Mann Geld geben? Taten dann leider nicht nur Blinde und Taube. Tatsache ist, im Herzen des global zirkulierenden Kapitals pocht immer etwas Finsteres, das sich der Ratio entzieht. Oder will man etwa den Vernichtungsfeldzug gegen Arbeitsplätze vernunftgeleitet nennen? Und wo wäre der Ausweg? Nun, neulich erzählte die immer heitere Performancekünstlerin Laurie Anderson in Berlin von ihrer Zeit als »Artist in Residence« bei der NASA. Männer! Man arbeitet dort, wusste Laurie zu berichten, an einer Besauerstoffung des Mars. Es wird bald einen neuen Planeten geben, wo alles besser ist als hier! Einen Planeten B! Also wir, spottete Laurie, mit unserem erprobten Planetenrettungs-Know-how für die Erde – es wird herrlich! Alle Lacher auf ihrer Seite inklusive der Herren im Auditorium.

VOLL DIE
OPFER

Ein Hänfling. Er saß in der Bahn gegenüber. Krasser Undercut. Mittig etwas Wolle, dazu trug er Kurzbart. Er lachte zu mir rüber, was mich verunsicherte. Lippenstift verrutscht oder was? Aber er deutete beharrlich auf die Rückseite meiner Zeitung, und so kam es, dass wir in ein Gespräch gerieten über das dort abgebildete Panorama-Familienfoto aus »Downton Abbey«. Der Hänfling, zeigte sich, war ein Spezialist für diese Schmalzserie, wusste einfach alles – Genealogie des Clans, jede Wendung der Story, kleinste amouröse Verflechtungen, historische Schlüsselszenen et cetera. Hallo? So jung und schon bereit für Maggie Smith?

Ich stellte gerade die These auf, wie schön es ist, dass junge Männer heute so generationsübergreifend freundlich sind und genderüberspielend Serien gucken wie die Mädels und die Muttis und dass dies vielleicht das Ende vieler Kämpfe ist, da fiel mir ein anderer Mann ein: der auf der Bottega-Veneta-Reklame. Typ wie oben, nur stylisher. Ein süßer Ragazzo. Zu Undercut trug er blonde Strähnchen und einen rosenholzfarbenen Leinenanzug sowie Nagellack in der Farbe Perlmutt, der sich hübsch von der geflochtenen Aktentasche abhob.

Ich stellte gerade die These auf, wie schön es doch sei, dass junge Männer sich heute an ein generations-

und genderübergreifendes Kolorit wagen, dann fiel mir auf, dass dieser Typ hier auf diesem schönen Werbemotiv nicht gut drauf zu sein schien. Er hatte was – Bedröppeltes. Da war etwas Depressives, im Übrigen nicht versteckt, sondern geradezu ausgestellt. Was war denn los, Kleiner? Hatte er etwa bemerkt, dass die neue Birkenstock-Kollektion das Modell Arizona für Frauen und nur für Frauen in der Farbe Rosenholz anbietet?

Ich dachte mit Schrecken daran, wie es auf diesen so einfühlsamen jungen Mann wirken könnte, wenn eine Sonntagszeitung, wie geschehen, auf einer ganzen Seite verbreitet, dass die Gattung Mann etwa so störanfällig ist wie ein AKW etwa 20 Jahre nach Ablauf der Restlaufzeit. Und zwar als Fötus schon anfällig, später in der Kita auffällig bis aufsässig, dann mieses Abi und in den Folgejahren alle möglichen Ismen von Narzissmus, Alkoholismus, Karrierismus bis zum Suizid. Warum? Weil Männer angeblich nicht genug beachtet werden. Und deshalb durchdrehen. Ich finde, das ist eine taschenspielerische Verschränkung von Schuld- und Opferdiskurs und führt – ja wohin eigentlich?

Blick in ein Magazin, das Blatt brachte neulich mehrere Doppelseiten zum Thema alte Männer. Wählen angeblich Trump, weil sie traurig sind. Oooooh. Muss man jetzt heulen? Auf den Bestsellerlisten tauchen verstärkt Titel auf, die eine »toxische Männlichkeit« thematisieren, die dazu führe, dass Männer so oft einen Herzinfarkt haben. Neulich traf ich sogar einen Typen, stylish bis hin zu dieser weich gerundeten Theresa-May-Laptoptasche, der wollte mir weismachen, auch im Pop seien Männer heute Verlierer. Ich sagte, aber Bowie, und er sagte, aber Adele. Ich sagte, Jackson und Prince, er sagte, sind doch lange tot, und ich dachte, was ist hier eigentlich los.

Der Opferdiskurs war bislang ein geschütztes Feminismus-Privileg. Das jedenfalls ist vorbei. Waren gerade noch Frauen die beredten Opfer von Männern, klagen jetzt Männer wortreich darüber, dass sie die Opfer sind – einmal nicht von Frauen, sondern jetzt von Männlichkeit. Und deshalb haben sie angeblich auch an allem Schuld. Beweisführung geht so: Bankenkrach: junge Männer. Globalisierung: alles Männer. Terroristen: sowieso Männer.

Mir kommt das alles ein wenig größenwahnsinnig vor. Wahr ist doch: Auch Frauen haben bei der Globalisierung verloren. Und Trump gewählt. Und keineswegs sind Männer auf dem Rückzug. Heute stehen 43 Frauen an der Spitze unserer DAX-, MDAX-, SDAX- und TecDAX-Unternehmen – gegenüber 627 Männern. Das soll schon bedrohlich wirken? Und verhindern, dass männliche Föten sich schwerer einnisten? Männliche Autofahrer oft zu schnell fahren? Jemand, der das nicht wusste? Neu ist nur, dass dieser Männer-Opfer-Diskurs jetzt so modisch ist wie die Theresa-May-Laptoptasche. Es ist ein Trend und morgen vermutlich vorbei. Wie bald Theresa May. Cheer up, Ragazzo!

BUBEN
UND STREICHE

Wie Angela Merkel neulich sagte: Die Welt ist kompli-
zierter geworden. Wer ist Feind, wer Freund? Wer reitet
einen rein, auf wen kann man zählen? Vorbei die Zeiten, als Mütter ihren Töchtern einen Lackmustest emp-
fahlen, der den guten Mann vom bösen unterscheiden
half, den Heuchler vom Heiligen, einen Test, der aus einer einzigen, ach so simplen Frage bestand: Meint er es
ernst, oder will der nur spielen?

Die Fragen heute lauten: Sind die Raketen von
Kim Jong Un jetzt echtes Spielzeug oder echt und kaputt? Wollte Jared Kushner eine eigene Standleitung
nach Moskau, um das Computerspiel *Krim* downzu-
loaden, das Ivanka nicht mag, oder um an der NSA vorbei einen Blick auf das Video zu werfen, das laut Putin
die besten Prostituierten der Welt zeigt und das Trump
nicht mag? Bleibt Boris Johnson britischer Außenminister, weil er das will oder weil ihn sonst niemand will? Alles nicht einfach, das muss man bedenken, wenn man
jetzt hüstelt, weil in der Klassifizierung des Mannes neu-
erdings eine einfache Metapher erstaunliche Karriere
macht: das Bild vom Mann als Baby. Wahlweise: Mann
als Kindergartenkind. Oder Schüler.

Kim Jong Un: wird uns gern als dickes Baby vorgestellt. Kushner? Als Milchbubi. Macron: natürlich

der Schulbub. Schon wegen Brigitte, also weil er seine Lehrerin heiratete! Boris Johnson gilt als masochistischer Pennäler, der sich von der Ober-Nanny Theresa May eine Tracht Prügel auf den nackten Arsch erhofft. Und über Trump schrieb die BBC am Wochenende, er habe beim G7-Gipfel wie ein Siebtklässler gewirkt, so wie er die Füße unterm Stuhl eingeklemmt und den Blick verlegen auf die kleinen Hände gerichtet habe. Immerhin. Immerhin, man kann das als erfolgreiche Versetzung werten, wird doch Trump gemeinhin als Viertklässler verhöhnt, gelegentlich sogar als Kindergartenkind, das die Sandkuchen der Kollegen zerpatscht. Böse, böse, böse!

Es handelt sich hierbei um eine Infantilisierung der politischen Rhetorik. Zeitgeschichtlich knüpft der Baby-Talk an Zeiten an, in denen Männer sich in Kontaktanzeigen als »großer Junge« beschrieben, der auf eine »verständnisvolle Lady« hofft, und jede Schweinerei weggewedelt wurde mit dem Spruch von *»boys will be boys«* (auf Deutsch: »Jungen!«). Die Idee vom Mann als Kind stammt aus derselben guten alten Zeit wie Muttis Lackmustest (s. o.) und ist genauso irreführend. In der *New York Times* wurde letzte Woche schon darauf hingewiesen, dass der Vergleich mit dumpfbackigen Politikern für Kinder beleidigend ist – weil Kinder mit der intelligenten Nervosität eines Kolibris auf die Welt reagieren und Wissen in einem Tempo sammeln, das Politiker, die etwa Klimawandel immer noch nicht kapieren, weit hinter sich lässt.

Die Rede vom Politiker als Kind verengt gefährlich

den Blick auf die Realitäten. Der Trump, der jüngst in Saudi-Arabien landete, war kein Kid, das sich auf Sandkastenballerspiele freute, sondern ein Tycoon, der einen 110-Milliarden-Waffendeal unter Dach und Fach brachte, und zwar zackig, und jede Wette, dass es sich dabei nicht um Spielzeuggranatwerfer handelte. Der pausbackige Boris Johnson spielt zwar ein Spiel, aber keines, das erfreulich ist, es ist die typische britische Upperclass-Unterschichtenverarschung und menschenverachtend, ein Requisit des alten Empire. Kushner mag wie ein schmalbrüstiger Hänfling rüberkommen – aber was hat er vor? Das erkennt man mit dem, was ich meinen »›Tatort‹-Test« nenne und der den Lackmustest meiner Mama gut ersetzt.

Geht so: Man stellt sich vor, es ist Sonntagabend, im »Tatort« ein Auftritt von – etwa: Schröder. Na? Unser klassischer Gebrauchtwagenhändler! Alle Erfahrungswerte signalisieren: Portemonnaie festhalten! Guttenberg? Fliegt todsicher in Minute 43 aus der Kurve. Schulz? Unser rheinische Jung. Große Klappe, und nix – na ja. Man soll nicht nachtreten. Trump? Der Pate. Jetzt zu Kushner? Ist doch das klassische Pokerface! Männer! Machen wir uns auf alles gefasst.

KOPFTUCH
ODER FELL

Helme aus Stahl oder Plastik, Schlumpfmützen aus weißem Frottee, Skimützen mit Augenschlitz. Was Männer
in diesen Sommertagen auf dem Kopf haben oder haben
sollen oder nicht haben dürfen, ist zum Thema geworden. Was trägt man zu G20? Gelten Caps mit »Not my
President« schon als Provokation? Geht eine Brooklyn
Beanie aus Bio-Cotton durch, wenn sie in XXL daherkommt und notfalls wie ein Kondom über die gesamte
Kopfzone zu ziehen ist, was Vermummung wäre? Merkwürdige Stille zum Thema Männer mit Kopftuch – was
jetzt alle Frauen mit Kopftüchern ungerecht finden. Da
gibt es diese scharfen Debatten über Frauen unterm
Kopftuch, und Männer dürfen bis an den Rand der Si-
cherheitszone, wenn sie ihr Kopftuch brav um den Hals
tragen, obwohl sie es doch jeden Moment wie Butch Cas-
sidy im Bankräuberstyling unter die Nase ziehen könnten. Die Kopftücher des muslimischen Mannes werden
in den Medien unterberichtet, selbst in Krisen, die größer sind als ein G20-Gipfel.

In den vergangenen Wochen konnte man Männer
sehen mit hochverdächtigen Kopfbedeckungen, also
Saudis (rot-weißes Kopftuch), wie sie mit Donald Trump
(orangefarbenes Fellchen) Hände schüttelten. Von Milliarden Waffendeals war die Rede, niemand fragte, wel-

che Zusammenhänge es mit der Kopfbedeckung gebe. Geschockte Kommentare, als sich die Golfmänner dann zusammenrotteten, um im Rudel gegen Katar vorzugehen, weil sie unter ihren Tüchern unklare Vorstellungen darüber ausgebrütet hatten, welche Fundamentalisten böse oder unterstützenswert seien: hier Saudi-Arabien, die Heimat von Osama bin Laden, dem Begründer von al-Qaida, und dort Katar, das beschuldigt wird, al-Qaida in Syrien zu fördern, die angeblich auch von Saudi-Arabien ihre Dollar bekommt. Osama bin Laden war Weiß-Kopftuch-Träger. Die Saudis tragen, wie gesagt, Rot-Weiß, in Bahrain scheint beides möglich, dazu legt man figurverhüllende Gewänder an, meist dunkel, nur in Abu Dhabi sind die Männer vom Scheitel bis zur Sohle in Weiß gewickelt. Niemand hält es für ein Zeichen von Männerunterdrückung.

Jüngst ging ein Saudi-Prinz mit 80 Jagdfalken an Bord eines Fliegers, es gab viele Fragen: Sind sie ordentlich angeschnallt, was essen sie in Ermangelung von Bordmäusen und Bordkaninchen? Keine Frage zur Kopfbedeckung – vielleicht weil keine Frauen dabei waren, sondern nur der Falken-Harem? Was trugen die Vögelchen? Lederkappen! Styling wie fürs Cabrio. Anders als bei einer Burka gab es für die Falken noch nicht mal Sehschlitze, sondern die totale Sichtblende.

Ich selber bin der männlichen Kopfbedeckung sehr zugetan. Zu den Highlights meiner Kindheit gehörten Dorfbeerdigungen. Wenn die Glocken läuteten, wurde eine flache Schachtel vom Schrank geholt, in der sich ein Chapeau claque verbarg, der mit einem Plopp aufsprang und sein schwarzes Fellchen zeigte. Los ging's. Man konnte vom Küchenfenster aus die Männerzylinder-parade bewundern. Auch Kopftücher trug die männliche Dorfbevölkerung, zu Karneval, sie signalisierten dann, im Chor mit Bartstoppeln und Fistelstimme, dass der Typ als Frau ging. Kleine Männer hatten Federkopf-schmuck (Winnetou-Styling).

Zuletzt bekam ich Gelegenheit, im Dubai-Airport den männlichen Kopftuchträger zu studieren. Mit lasziven Handbewegungen hoben die Zollbeamten ihre langen Kopftücher hoch und wieder hoch und ließen sie graziös über die Schulter fallen. Dazu trugen sie weite weiße knöchellange Gewänder und an den Füßen Pantoletten mit kleinen Absätzen. Zur gleichgeschlechtlichen Eheschließung könnten diese Herren nach der Schicht umstandslos antreten und die Braut machen, ohne sich auch nur umzuziehen.

Susanne Mayer, geboren 1952, ist Kulturreporterin und Literaturkritikerin der Wochenzeitung *Die Zeit,* in deren Feuilleton ihre freche Kolumne »Männer!« erscheint. Für ihre Arbeiten wurde sie 1985 mit dem Theodor-Wolff-Preis sowie 1990 und erneut 1994 mit dem Emma-Journalistinnen-Preis ausgezeichnet. Susanne Mayer ist Autorin des Buches *Deutschland armes Kinderland.* Im Berlin Verlag erschien *Die Kunst, stilvoll älter zu werden. Erfahrungen aus der Vintage-Zone.* Susanne Mayer lebt in Hamburg.

»Ein elegantes, witziges, kluges, tröstliches Buch.«

Susanne Mayer

Die Kunst, stilvoll älter zu werden

Erfahrungen aus der Vintage-Zone

Berlin Verlag, 224 Seiten
€ 20,00 [D], € 20,60 [A]*
ISBN 978-3-8270-1300-2

*Cover- und Preisänderungen vorbehalten

Irgendwann ist es so weit: Zeit für das Älterwerden. Wie sich das anfühlt, erzählt die Journalistin Susanne Mayer anhand eines biologisch unabwendbaren Selbstversuchs. Sie erkundet, klug und mit leichter Feder, wie es zu schaffen wäre, gut gelaunt durch diese späten Jahre zu kommen. Was es braucht? Haltung und Stil!

Leseproben, E-Books und mehr unter www.berlinverlag.de

»Am Ende werden wir alle zu Geschichten.«

Margaret Atwood

Margaret Atwood

Der Report der Magd

Roman

Aus dem kanadischen Englisch von
Helga Pfetsch
Piper Taschenbuch, 416 Seiten
€ 11,00 [D], € 11,40 [A]*
ISBN 978-3-492-31116-8

Die provozierende Vision eines totalitären Staats, in dem Frauen keine Rechte haben: Die Dienerin Desfred besitzt etwas, was ihr alle Machthaber, Wächter und Spione nicht nehmen können, nämlich ihre Hoffnung auf ein Entkommen, auf Liebe, auf Leben ... Margaret Atwoods »Report der Magd« wurde zum Kultbuch einer ganzen Generation.

»Mit ›Der Report der Magd‹ hat sich Margaret Atwood in die Nachfolge von Aldous Huxley und George Orwell hineingeschrieben.« Der Spiegel

*Cover- und Preisänderungen vorbehalten

PIPER

Leseproben, E-Books und mehr unter www.piper.de

Wie viel Freiheit kann ein Mensch ertragen?

Margaret Atwood

Das Herz kommt zuletzt

Roman

Aus dem Amerikanischen von
Monika Baark
Berlin Verlag, 400 Seiten
€ 22,00 [D], € 22,70 [A]*
ISBN 978-3-8270-1335-4

Wie wäre das: Man bekommt ein zauberhaftes Heim, eine angenehme Arbeit und ein sorgenfreies Leben garantiert? Das Einzige, was man dafür tun muss, ist jeden zweiten Monat im Gefängnis zu verbringen. Brillant bis böse – ein funkelnder Roman von einer der coolsten Autorinnen der Welt.

»Ihr Auge für die unvorhersehbaren Launen des menschlichen Herzens und ihre erzählerische Furchtlosigkeit haben sie zu einer der am meisten gefeierten Romanautorinnen der Welt gemacht.« Naomi Alderman, Guardian

Leseproben, E-Books und mehr unter **www.berlinverlag.de**

»Eine scharfzüngige Demontage der New Yorker Upper Class.«

The New York Times

Wednesday Martin

Die Primaten von der Park Avenue

Mütter auf High Heels und was ich unter ihnen lernte

Aus dem Englischen von Hans-Christian Oeser und Nina Frey
Berlin Verlag, 320 Seiten
€ 16,99 [D], € 17,50 [A]*
ISBN 978-3-8270-1310-1

Was passiert, wenn eine passionierte Sozialforscherin nach Manhattan zieht, um dort, mitten unter den Reichen und Schönen New Yorks, ihre Kinder zu erziehen? Sie betreibt Feldforschung. Mit bestechendem Humor und Sinn für Komik erzählt Wednesday Martin vom realen Leben unter den Frauen der New Yorker High Society. An der Upper East Side bekommt man ohne sündhaft teure Birkin Bag weder eine Wohnung noch einen Kindergarten-Platz, aber führt als Hausfrau und Mutter ein mondänes Dasein.

Leseproben, E-Books und mehr unter **www.berlinverlag.de**